我最需要的
职场常识书

陈玉新◎著

企业管理出版社
ENTERPRISE MANAGEMENT PUBLISHING HOUSE

图书在版编目（CIP）数据

我最需要的职场常识书 / 陈玉新著. —北

京：企业管理出版社，2013.6

ISBN 978-7-5164-0395-2

Ⅰ.①我… Ⅱ.①陈… Ⅲ.①职业—应用心理学—通

俗读物 Ⅳ.①C913.2-49

中国版本图书馆CIP数据核字（2013）第120370号

书　　名：我最需要的职场常识书

作　　者：陈玉新

责任编辑：张超峰

书　　号：ISBN 978-7-5164-0395-2

出版发行：企业管理出版社

地　　址：北京市海淀区紫竹院南路17号　　　邮编：100048

网　　址：http：//www.EMPH.cn

电　　话：编辑部（010）68453201　　　发行部（010）68701638

电子信箱：emph003@sina.cn

印　　刷：北京中新伟业印刷有限公司

经　　销：新华书店

规　　格：160毫米×230毫米　16开本　15.25印张　234千字

版　　次：2013年7月第1版　2013年7月第1次印刷

定　　价：32.80元

前　言

　　林语堂说过这样一句话：人生在世，幼时认为什么都不懂，大学时以为什么都懂，毕业后才知道什么都不懂，中年又以为什么都懂，到晚年才觉悟一切都不懂。

　　我们每个人的人生都是一个从不懂到懂，从不成熟到成熟的过程。在这个过程中，处于从学校到社会的转折点的年轻人就必然是一个懂和不懂的集合体。一方面自以为懂，另一方面却实在是不懂。

　　年轻人懂得学校里、课堂上所学到的知识，却不懂这些知识要经过变通才能够学以致用；懂得如何与同学、与师长、与家人相处，却不懂为人处世远远不止这么简单。大多数年轻人会因为自以为懂了人生、懂了社会而吃亏、受苦、被骗，而当他们遭遇到这些的时候，他们才真正开始审视自己是不是真的懂了。当他们因为初入社会要交"学费"的时候，越来越多的人也开始试着静下心来反问自己，"我是不是还要学点什么！"

　　有句话说得好，"初入社会的年轻人等于零。"因为对于一个初入社会年轻人而言，他所需要重新学习的东西太多，知识体系要拿出来给社会检验，而为人处世的原则和态度也应该和社会需要的人情世故相符，如此才能够尽快融入社会，为社会所接纳。

　　在这两者中，前者也许可以慢慢来，但后者则需要尽快转变。譬如进入一个全新的工作岗位，你的能力够不够格可能需要很长时间才能够看得出来，但如果你的人情世故方面不行，则很快就会被他人所排挤。所以，我强调对于一个初入社会的年轻人而言，人情世故是他首先必须

前

言

1

了解并且谙熟于心的。

如果一个人年轻人不赶快懂得现实社会所存在的人情世故，那么基本上就可以认定他是没有成功的可能的，即使是不懈地折腾下去但最终的结果也只是白白浪费时间和精力。因为没有人会走入到他的人际关系中去，而一个人的人际关系不行，他的前途也就注定暗淡。

当然，有些年轻人可能有这样的想法："人情世故涵盖太广，包罗万象，由不懂到懂是一个缓慢积累的过程。"对此想法，我没有异议，然而我必须指出的是，人情世故的某些方面则是我们刚一进入社会最迫切需要了解和掌握的，对于这些方面我们就不能慢慢领会，而是要吸取前人的经验教训，从前人的真实经历中学会如何去应对自己可能遇到的事。如此一来就可以以最快的速度掌握人情世故的精髓从而避免因不懂而犯错误，而这也就是我写这本书的目的。

在书中我总结了那些初入社会的年轻人最容易犯的错误和最应该了解的人情世故中的注意事项。在讲解每个注意事项时我尽量的选取了一些典型的案例，以供读者对照参考。希望这本书能够帮助读者走好初入社会的第一段路。

目　录

第一章

初入社会，这些道理你要懂

最重要的是找准自己的位置

回想一下，当你要离开学校走入社会时，父母是否曾担心你会吃"不懂事"的亏，因而不厌其烦地大讲"人生道理"，恨不得将自己几十年的人生经验全盘灌输给你。然而，对于父母的这份苦心，你是否非但不领情反而产生更加强烈的逆反心理——我又不是你们的傀儡！我要做自己！

其实，父母的苦心并没有错，只不过方式错了。在这一点上，台湾的很多父母就非常让我们心仪，他们不会不厌其烦地在孩子的耳边唠叨，而是购买一些读物给将要毕业的孩子，让孩子从书中自己去领悟为人处世的道理。而在这些读物中，蔡志忠先生的国学系列漫画自然就成了首选，不但父母们爱买，孩子也确实爱看。

说起蔡志忠来，很多人都知道他的漫画独成一派，以中国传统文化为内涵，兼具幽默、文化和教育为一体，在对人生的解析和对年轻人的指导上面独树一帜，因而成了很多年轻人了解社会，学会处世的宝典。而蔡先生的漫画为何会有如此的特质呢？其根本还在于蔡先生对于人生的亲身经历和切实感受。

在年仅十五岁的时候，本应该是读初中二年级的蔡志忠由于对漫画的痴迷，毅然选择了退学，离开老家彰化，孤身一人到台北"闯天下"。

要说蔡志忠的漫画水平，在他那个年龄段来说绝对可以说是出类拔萃的，这也就造成了他有些恃才傲物，再加上年龄实在太小，因此在当时"高手如云"的台北漫画界几乎没人"赏他饭吃"，他几次求职于漫画社都被以各种理由为借口拒绝。

这种无人认可的境遇让蔡志忠非常心酸，但好在心酸之余他并没有沉沦，他开始思考自己是不是有什么地方做错了。经过长时间的冷静沉思之后，蔡志忠终于明白，是自己把起点定得太高了，没有看清自己当时应该处的位置。不错，自己是曾经赢得过一些青少年漫画比赛，也因此积攒了些"名声"，但这些名声并不能成为自己立身的本钱，因此像最初那样自视甚高是不对的，其实自己连漫画界的门槛还没迈进去呢！

在想明白问题的根源之后，蔡志忠开始沉下心来，一点一滴地解决面前的问题。他不再梦想着一步就出版自己的漫画集，而是以最低的要求进入了一家漫画公司，从最基础的脚本做起。由于自身优秀和工作扎实，蔡志忠一步步获得了同行的认可，终于在二十三岁那年，他进入了梦中的漫画殿堂——光启漫画社，成了一名美术设计，从此走上了自己的职业漫画家之路。

如同蔡先生一样，我们当中许多人在初入社会的时候都遇到过这样不被认可的困境。在困境中，很多人走向消沉抑或是极端，进而更加不为社会所融，而这也正好反衬了我们父母的担心实际上并非全无道理。

如何应对能力不为人认可的困境，已经成了决定我们能否走好人生道路的第一步。那么，我们要怎么走才能走得扎实呢？关键还在于心态。良好的心态是：在心理对自己的价值有一个准确的衡量，找准自己在社会上的位置，只有如此，才能够预防因心态的失衡而使行为走向极端。

俗话说"初生牛犊不怕虎"，当我们刚刚步入社会的时候，没有谁不是把自己看做是注定成就一番大事业的英雄的。然而，等到看到了社会的真面目，为现实和自己心理的落差所震惊，猛然间一脚踩空便栽了一个大跟斗之后，我们当中的许多人就会因此一蹶不振，从此沉沦下去成了现实的牺牲品。

其实，真正能够成就大事的人，应该是像蔡志忠一样的，知耻而后勇，明白自己与现实的差距，进而迅速找到自己的位置，从空想中把自己转变出来，迅速适应现实社会，如此才能够在现实中如鱼得水。

反观那些没有反思，不懂得正确认识自己的人，他们则会永远在错位的感觉中徘徊不前，最终就成了"不成熟"、"没有成长"的代名词。

佳明 2010 年毕业于重庆某重点高校，毕业后在家里的安排下进入了一家企业做白领。佳明是独生子，从小到大都被父母娇惯着。他的一切生活都是由家人安排的，因此也就养成了懒散、没有主动性、以自己为中心的毛病。

一转眼，佳明上班快两年了，然而却还没有一个公司员工应该有的状态。在单位和在家里一样，做事总是慢悠悠的。别人交代过的事，他就去做；而那些没人交代的事，即使在他的本分之内，他也从来不知道去做。

如果说只是工作态度的问题倒也罢了，更要命的是，在家里当惯了"皇帝"的佳明把这种习气也带到了工作当中。在办公室里他受不得一点委屈，有了错误永远是同事的不对，办什么事同事们都要让着他，即便对方是个女孩子一语不合也会遭致佳明的破口大骂。

这种情况多了，同事们便开始有意无意地排挤佳明，但由于佳明父母和公司领导之间的关系，佳明每次都能得到领导的维护，而他也因此变得更加骄纵。

有一天，佳明的顶头上司把他叫到办公室，一脸焦急地说："佳明啊，你上班时间也不短了，为什么做事总是磨磨蹭蹭，又爱冲动？你什么时候才能长大啊？"

听了上司这话，佳明认为上司对他有偏见，当即和上司吵了起来。谁知上司也不是省油的灯，一纸诉状告到了上层领导那里，要求解聘佳明，其他同事也前来配合，在群情激愤的情形下，领导终于不能再偏袒佳明了，这次佳明真的被解雇了。

佳明的错误在哪儿？就在于找不准自己的位置，以为公司和家里一样，任何人都应该以他为中心。结果非但自己的中心位置没稳住，还使自己成为众矢之的，排除在公司之外了。

蔡先生和佳明，两个截然不同的结局，但却给了我们一样的启示：人贵有自知之明，站在自己应该站的位置上，才能走好人生道路的第一步。

【职场常识】

不能正确认识自己是年轻人最容易犯的错误，这也是年轻人总要走很多弯路才能适应社会的原因。如果我们在刚进入社会时就找准自己的位置，就能少走很多弯路。

低调做人，但不浪费每一个露脸机会

篮球飞人乔丹说过："我不相信等待会有收获，无论任何事都必须主动出击来完成。"说这句话的背后，是有着切实的经历在支撑着乔丹的。

即使是第一轮第三顺位被选中进入联盟，乔丹在第一个赛季仍然保持着作为 NBA 菜鸟应有的低调。面对队中的一群老大哥，乔丹的上场时间和出手次数被压缩得非常厉害。在有限的时间里，乔丹没有发挥出他在大学联赛中的那股霸气，就这样一个赛季过去了，乔丹并没有给公牛队带来质的飞跃，教练与球迷也开始怀疑，这第三个顺位的选秀权是否用错了人。

这种情况让乔丹一度非常苦闷，他明白不是自己的错，是教练没有给够自己出场的时间和出手的机会。因此，在接下来的赛季中，乔丹决定不再闷头等教练的安排，而是主动出击，在有限的上场时间里减少传球次数，更多地由自己进攻。出手次数多了，乔丹的能力自然就体现出来了，就这样，我们熟悉的飞人传奇开始了，而公牛队也因乔丹的成功走进了一个冠军的循环。

年轻人容易恃才傲物，喜欢张扬个性，然而在社会中，恃才傲物、张扬个性又很容易成为众矢之的。因此，保持低调便成了一个年轻人初入社会的立身之本，在我们这个信奉中庸的社会中更是如此。

然而，社会的认可不在于我们有多低调而在于我们能否作出的成绩。因此，一个聪明的年轻人在保持低调作风的同时还要明白，当有一个露脸的机会摆在你的面前，果断地把脸露出去也是必须的。

在《战国策》里，有这样一则典故：

秦军在长平一战大胜赵军，秦军主将白起，领兵乘胜追击包围了赵国都城邯郸。大敌当前，平原君赵胜奉赵王之命，去楚国求兵解围。平原君把门客召集起来，想要挑选二十个文武全才的门客一起去，结果挑来挑去只挑出十九个。这时有一个平时默默无闻的门客站了出来，他向平原君自我推荐要求同行。平原君手下门客众多，这次挑选的十九个都是精明强干之士，一个默默无闻的人突然站了出来，让其他十九个门客非常吃惊，有些人竟不以为然地笑出了声音。平原君也对此颇为意外，然而出于礼貌，还是同意了这名叫做毛遂的门客的请求。

到了楚国，楚王对平原君摆起了架子，对出兵救赵的请求一再推脱。这时毛遂大步跨上台阶，远远地大声叫起来："出兵的事，非利即害，非害即利，简单而又明白，为何议而不决？"

看到有人不守规矩，楚王非常恼火，质问平原君："此人是谁？"平原君答道："此人名叫毛遂，乃是我的门客！"楚王喝道："赶紧退下！我和你主人说话，你来干吗？"毛遂见楚王发怒，不但不退下，反而又走上几个台阶手按宝剑说："如今十步之内，大王性命在我手中！"

楚王见毛遂那么勇敢，不敢不让毛遂讲话。于是毛遂就把出兵援赵有利楚国的道理，作了精辟的分析。毛遂的一番话，说得楚王心悦诚服，答应与平原君和毛遂盟誓，派兵救赵。而此一番经历，让平原君很是钦佩毛遂的胆识，回赵后便待毛遂为上宾，平原君不止一次感叹说："真没想到，我手下还藏着毛先生这样的英雄！"

在平原君游说楚国这则典故中，有两个相关的成语，"毛遂自荐"和"脱颖而出"。平原君养食客几千，毛遂是其中很不起眼的一个，可见其低调。然而，在有机会一展身手的时候，他却又能主动地站出来，不顾及其他食客的耻笑和平原君的怀疑，并最终帮助平原君游说成功。不但成为一时豪杰被平原君奉为上宾，并且名垂青史成为侠客的典范。

我们现在的年轻人，要学就应该学毛遂这种做法：不飞则已，一飞冲天；不鸣则已，一鸣惊人。低调可以成为我们处世的原则，但不能成为我们躲避的借口，与人争功固然不可，但唾手可得的荣誉却也不能将其放过。如此才能够让别人看到我们的价值，才不至于被当做一个庸碌之人为人所轻视。

有这样一个年轻人，他进入单位已经五年了。这五年里他一直兢兢业业，从没有出过错，也没有抢过谁的风头。然而五年时间里，他却没有向上晋升哪怕一步。看着很多比他年龄小、贡献少的新人都一步步爬到了自己的头上，他陷入了深深的沮丧当中。

终于有一天，他再也耐不住这份煎熬了，他来到杭州的灵隐寺，拜访了寺里的住持。在住持面前，他倾诉了自己的烦恼，请求住持能够祛除他的心魔，为他指出一条明路来。

住持听了年轻人的话，双手合掌说："你是如何看待自己在公司中扮演的角色的？"

"我父亲为官几十年，他告诉我，人不能太露锋芒，保持低调才是人立身之本。我认为很有道理。"年轻人说。

住持笑了笑，拉着年轻人来到湖边的一艘快艇上，发动了快艇，缓慢地驶向湖心。在两人的快艇划破水面的同时，也有一搜快艇启动了，只不过不同于两人的缓慢前行，这艘快艇如离弦的箭一般，加大马力朝湖心直冲过去，不一会儿就把两人甩来老远了。不一会儿，这艘快艇风驰电掣般地迎面驶了回来，快艇上的人见住持的快艇一直很慢，便在他们旁边大声问："和尚，开得这么慢是不是没油了？我有！"说完"绝尘"而去。住持对年轻人笑了笑说，"咱们回去吧！"说罢不等年轻人回答便调转船头，加大马力，快艇电掣般向前飞驰，几分钟就回到了码头。在码头，住持对年轻人说："别人以为我慢固然不对，他们并不知道我的快艇是能开快的。但如果我不加大马力总这么慢慢地开，又有谁能知道我是可以加大马力的呢？"

听完住持的话，年轻人豁然开朗了，他向住持神鞠一躬，一改来时的萎靡不振，精神振奋地离开了灵隐寺。

其实，我们当中的很多人不都是和这年轻人一样吗？怕过分的高调太过显眼，但低调下来却失去了证明自己的机会。其实，低调和露脸并不是完全对立的两面，只要掌握好分寸，在不该露脸的时候不要张扬，在属于自己的机会面前勇敢站出去，就能够兼顾这两者。既给人以扎实稳重的印象，又让人看到你的能力与价值。

【职场常识】

　　没有能力还不低调，那叫做张扬；但如果有能力，那么在机会面前就不应该再保持低调，果断出手，将能力展示出来，这叫做当仁不让。不仅与张扬无关，还能够获得他人的青睐和认可。

不要着急当主角，一开始能当好配角就不错了

在 1990 年央视春晚上，著名小品演员陈佩斯和朱时茂为观众表演了一个非常精彩的节目，名为《主角与配角》。在节目中，扮演配角的陈佩斯不甘心总是为主角朱时茂搭戏，进而提出由自己出演主角。陈佩斯耍尽各种小聪明最终如愿以偿成为主角，但成了主角之后却又改不了配角的习气，最终闹了个大笑话。

在我们生活中，也时刻发生着这种做主角和做配角的问题。人人都想成为主角，站在万众瞩目的聚光灯下。然而我们知道，"红花"总是少的，它旁边的"绿叶"却是多的，成为主角的道路十分艰难，有时还需要运气，因此，配角也就成为绝大多数人的"宿命"。

作为配角，对于一个成熟的中年人来说或许没什么大不了的，他们经得多，见得广，心态会比较平和，然而对于刚进入社会朝气蓬勃、意气风发正准备成就一番事业的年轻人来说，配角的身份则不是那么容易接受得了的。所谓年少轻狂，很多年轻人在刚刚进入社会的时候或多或少会有些好高骛远的情绪，想一下子成为主角；然而，限于年龄等多方面因素，大多数年轻人却被分配到了配角的"岗位"上，这也就使得很多年轻人都会对自己的境遇非常不满。于是，想方设法成为主角，这样一来就出现了陈佩斯那样的问题。只是陈佩斯的情况出现在小品中，结局也不过只是个笑话，但很多年轻人在现实中出现这个问题，其结果就不仅仅是个笑话那么简单了。

林怀宇从小就热爱文字工作，大学毕业后如愿以偿的进入了一家杂志社，成了一名编辑。为此林怀宇兴奋不已，并立下了宏伟的志向，要大展宏图。

然而，等到了工作岗位上，林怀宇却顿时大失所望，因为他实际要

做的工作并不是他想象的文字创作，而是给老编辑打下手，还要经常帮社里跑出版公司、联系作者、接待客户，甚至给人订火车票。"这哪里是文字创作，完全就是打杂嘛！"林怀宇抱怨道。

有了这样的抱怨，就会有极端的情绪产生，渐渐地林怀宇开始消极怠工起来，很多工作都不好好完成，一门心思地想着偷懒，结果经常被领导训斥。终于，这一次因为没有按时完成领导交代下来的任务，林怀宇又被领导叫到了办公室。面对暴风雨般的斥责，林怀宇一时没耐住兴致，居然当面和领导顶撞了起来，结果被领导辞退了。直到离开杂志社，林怀宇也不知道问题出在哪里。为什么一份心仪已久的工作，却得到了这样的结果？林怀宇倍感沮丧，从此对文字创作失去了热情。

问题出在哪里？就出在林怀宇的心态上，太想成为主角，太想一口吃个胖子，结果非但没抢到主角的位置，连配角的角色都被剥夺了。其实我们换个角度思考，如果林怀宇听从领导的安排，扎扎实实从基础工作做起，未必没有成为主角的那一天。林怀宇现在为给老编辑打下手而愤愤不平，然而那些老编辑不也是从为其他老编辑打杂开始，一步步熬到今天这个位置的吗？

因此，作为一个初涉世事的年轻人，应该能够沉得住气。我们要懂得，配角其实是成为主角必经的道路。如果连配角的工作都做不好，又有谁能够放心让你担任主角呢？相反，如果我们能够在配角的工作上稳扎稳打，把配角工作做得天衣无缝，那其实就是在为我们的主角之路积蓄能量。等到有一天，成为主角的机会摆在面前时，我们才能够迅速抓住，并立即"入戏"。

1996 年的某天，当效力于西甲俱乐部巴塞罗那的"外星人"罗纳尔多在比赛中进球时，巴塞罗那的教练席跃起一群教练与替补球员，主教练罗布森高举双臂庆祝。然而世人没有注意到，在罗布森旁边还有一个兴高采烈的年轻人，此人就是今天名震世界、家喻户晓的"狂人"穆里尼奥。

穆里尼奥，这个今天足球世界当之无愧的主角，其成功之路其实也是从作为配角开始的。担任老罗布森的翻译和助理教练，担任范加尔的助理教练，穆里尼奥的教练生涯早期几乎都是在从事辅助工作。然而，也正是这样配角的经历，让穆里尼奥一方面锻炼了自己的耐性，另一方面也从作为主角的名帅身上积累了足够多的执教经验，这些经历和知识财富对于穆里尼奥非常重要，在后来，当一个成为主角的机会（执教葡超波尔图队）出现在他面前时，穆里尼奥正是靠着这些宝贵的财富抓住了它，并一步步走向了今天的巅峰。

我们试想，如果穆里尼奥一开始好高骛远，不甘心做老罗布森的助手会怎样呢？结果必然是被赶出巴塞罗那俱乐部，而之后的学习机会、经验积累也就完全谈不上了。这样一来，即便此后他运气好能够碰上执教某支球队的机会，但能否取得今天的成绩则完全成为未知数了。

因此，作为年轻人，不要怕成为配角，相反应该利用能够靠近主角的配角机会，多向主角学习。只有如此，才不荒废配角的经历，才有可能最终取代主角，超越主角。

当然，对于会做配角的年轻人来说，配角工作也绝不是得过且过、默默无闻，须知熬资历除了能带来年龄的增长之外，任何成长都是取得不了的。如何做好配角的工作，关键的问题有以下几方面：

首先，年轻人要克制住自己的出头冲动。年轻人在控制情绪的方面可能比较差，因此难免有情不自禁地想要表现出自己优势的冲动。然而我们要知道，主角的戏自然要由主角来演，你这么冒冒失失地表现自己其实是"抢戏"行为，是很容易遭到主角记恨和报复的。

其次，要积极配合主角的工作。"戏"不是由一个人演成的，配角自然也是"戏"的重要组成。然而你却不能因此就产生"自重"心理，一不如愿就以不配合的行为要挟主角。须知如果不配合的话，主角随时可能把你替换掉。如果不想林怀宇的故事发生在自己身上，你就要积极地配合主角的工作。

最后，要注意向主角学习。主角之所以成为主角，自然有其独到之处，这也就给了你学习的空间。只有不断向主角学习，你才有可能提高自己。须知，就算你想成为主角，你也要先有主角的本事。

【职场常识】

　　暂时不能成为主角，你就先当好配角。一方面锻炼自己，一方面打动主角。谁都喜欢能干又不争功的年轻人，这无疑也会在主角的心中为自己争得了一席之地。这样做既得到了人情，又得到了进步，而这不正是初入社会最需要的东西吗？

找个"太阳"照亮自己

不知道读者有没有注意到这样一种现象：同样的一款落地灯，如果我们将其摆在奢侈品专卖店中，和那些价格不菲的奢侈品放在一起，人们就会下意识抬高它的价值，多看几眼甚至会认为它是什么艺术品；而当我们将其拿到地摊上，和那些批发的鞋袜放在一起，那它恐怕就不会吸引到多少目光了，一般人只会拿它当做一个照明工具，甚至会嫌它碍手。

其实，这种现象在我们的人际交往中也存在。当你一无名二无利，而身边围绕的也是一些无名小卒时，你是很难会营造出有价值的人脉圈的；然而，当你的身边站着一个大人物时，那么情况就不同了，他会使你突然间变得引人注目起来，人际交往也会因此而变得顺理起来。尽管你还是一样的你，但你在别人眼中的形象却发生了本质的改变。

了解到这种微妙的现象，聪明的人就寻找到了一条促进自己人际交往的捷径，那就是找一个大人物做自己的招牌，利用他的光芒来"照亮"自己。曾经有这样一个幽默故事：

小吴是某机关单位的一个小职员，学历一般、资历一般、工作能力也很一般，然而与如此一般的"硬件"相反，小吴在单位中的"软件"可是非常的过硬。上到领导，下到同事，每个人都对小吴客客气气。这自然让小吴在单位中混得如鱼得水，没几年时间就混上了副科长。要知道和他同一批进来的那些人，很多还没有转正呢。

为什么小吴会有如此好的人际关系呢？原因要从两年前新局长到任说起。新局长到任不久，小吴非要让局长到自己家吃饭。局长哪里看得起他一个小职员，但几番推过，最后实在拗不过小吴的热情，于是便敷衍地答应了。

在小吴家，小吴夫妇热情地招待了局长。吃饭前，局长和小吴在客厅里闲聊。聊天时局长在小吴的墙上不经意间发现了一张照片，照片上小吴挽着胳膊站在一个人的旁边，两个人的表情非常亲密，像是亲戚一样。

这一发现令局长顿时出了一身冷汗，原来照片上的另外一个人是省里的某厅级干部。难道小吴竟然和厅长认识？吴局长于是拐弯抹角地打探了起来。三说两说，小吴说出了"实情"。照片上这个厅长是自己的亲舅舅，但是舅舅非常低调，告诫过小吴不要向人透露两个人的关系，但没想到局长还是发现了，于是请求局长别出去宣扬。

局长自然不会宣扬，但却记在了心里。从此以后便对小吴换了一个态度，平时说话客客气气，有功必赏有过不罚，单位有什么好事都紧着小吴先来。看到局长如此，其他同事自然会揣测小吴和局长有什么关系，于是纷纷巴结小吴，再加上小吴本来就很会为人处世，因此才有了如此好的人脉关系。

小吴的故事很好地为我们说明了"背靠大树好乘凉"这个道理。每个人都希望能和"大人物"攀上关系，这也就是为什么"大人物"的家里总是门庭若市的缘故了。

看懂人情世故，利用人情世故的弱点，这样的人才是聪明的人。在现实生活中，我们就应该学小吴那样，找一个能够照亮自己的"太阳"，这样才不至于被别人忽视。其实，在历史上，还真有像小吴一样的人，比如晚清官场，就有过这样一个真实的故事。

左宗棠是晚清重臣，为人刚正不阿，从不为亲人"开小灶"谋私利，因此名重一时，死后还以清名载入史册。然而，如此刚直的左宗棠，却也有过一次被人当"大树"的经历。

左宗棠年轻时有个好友，两人关系非常要好。好友有个儿子叫做黄兰阶。黄兰阶本是福建候补知县，但因为一没钱二没关系多年也没候到实缺，于是便想起了父亲的故交，当朝重臣左宗棠了。

黄兰阶跑到北京来找左宗棠，左宗棠一见故人之子十分高兴，当即下令款待。然而当黄兰阶提出想让他写推荐信给福建总督时，左宗棠却顿时拉长了脸，碍于面子无法赶黄兰阶走，但从此以后也不怎么见他面了。

吃了闭门羹的黄兰阶非常沮丧，他不好意思在左府待下去，就准备回乡。回乡之前，黄兰阶无事到琉璃厂散心。在一家小店里，他见到老板正在临摹大家的字画，可巧临摹的正是左宗棠的字体，于是他心中一动想出一条妙计。他让店主写了一把扇子，落了款，大摇大摆地回了福州。

回到福州之后，他买通关节得到了总督的召见。在总督的客厅，他大摇大摆地扇起了扇子。总督见他这幅摸样很是奇怪，便问："都立秋了，老兄为何还拿扇子摇个不停？"

此时，黄兰阶把扇子一晃，洋洋得意地说："不瞒大人说，外边天气并不太热，只是我这柄扇是此次进京，左宗棠大人亲送的，所以舍不得放手。"

总督吃了一惊，赶忙把扇子接过来仔细端详，看到确系左宗棠的手迹，暗中心惊："不想这姓黄的有这么个大后台"，于是大笔一挥，给了黄兰阶一个七品知县，没过三年，又将其提拔为五品道台了。

一把假扇子，黄兰阶换了个官运亨通，这买卖做得实在是划算。这扇子有多大的作用吗？没有！起作用的是扇子背后的人，这就是"借光"和"沾光"的道理了。人际交往中，我们一定不能浪费身边的"光源"，寻找一切机会让他们的光照亮我们，如此，才不失为一个谙熟人情世故的人。

那么有人会问，我们却哪儿寻找这种"光源"呢？有人也会沮丧，我的身边根本就没有一个"大人物"可以依靠。其实不然，只要是地位比我们高，能力比我们强，潜力比我们大的人，都能够成为我们"借光"的"大人物"，关键的问题就在于你能不能发现。一般来说，能够为我们所用的"大人物"有三类：

第一：家世背景显赫的人。对于这类人，我们看中的是他的家室，而利用的也是他的家室。但这也正是局限所在。一来家世背景不可能保证一辈子，而来如果他本人品行不端、能力不行，反而会给我们带来不好的影响。

第二：功成名就的人。对于这类人，我们除了能够获得他们在名气方面的"赞助"之外，还能获得他们实在的帮助，因此对于他们我们一定是要抓牢的。

第三：有上升潜力的人。对于这类人，我们更多的是一种投资，虽然眼下没有收获，但一旦他们飞黄腾达之后，能够给我们带来的收益是要远远超过前两者的。试问，有几个皇帝的玩伴是普通人呢？因此对于他们，我们也是一定要重视的。

【职场常识】

背靠大树好乘凉，人际交往中的"大树"总是拥有最广阔的人脉。既然我们还不是"大树"，就要努力站在"大树"的边上，借它的光来吸取养分。相信在"大树"的影响下，有一天我们也是能够成为"大树"的。

人情是张信用卡，行走社会全靠它

2010 年贺岁档，一部名为《七十二家租客》的电影风靡两岸三地，取得了可以媲美周星驰《长江七号》的票房佳绩，导演兼表演曾志伟也因此赚了个盆满钵满。

这部《七十二家租客》原是翻拍 20 世纪 70 年代的著名电影《七十二家房客》，剧本和故事情节新意不多，之所以能够取得如此大的票房，关键在于电影中的全明星阵容。

袁咏仪、林峰、黄宗泽、谢天华、林雪、钟嘉欣、胡杏儿、李灿森……一大批香港一线演员倾情加盟，而剧中和曾志伟演对手戏的男配角，居然是歌王张学友。一百七十多人的全明星豪华阵容，电影想不火都难。而对于如何能够邀请到如此众多的明星大腕，曾志伟坦言，靠的是刷自己的人情信用卡。

曾志伟说："很多人接到我的电话，当即就答应来拍，根本就没问，到底演几天？演什么角色？有多少钱？出来混，都是要还的。我在香港演艺圈混了二十多年，我现在在刷自己的信用卡。以前，我也帮别人刷过卡，现在有的人是来还的。"

曾志伟说得不错，人情就如同信用卡一样，你往里面加注资本，等自己需要帮助的那一天，自然就能够从中取出丰厚的"利息"来。刚出道时，曾志伟没少帮朋友忙，只要是别人有需要，无论是莫逆之交还是仅仅慕名认识，曾志伟都会不遗余力地帮别人出把力，而且从不问有多少回报。

在 20 世纪 90 年代时，已经小有名气的曾志伟最多一年曾出影过几十次，其中大多数都是友情客串。虽然拿不到什么钱，却为曾志伟的人情信用卡里面加注了足够多的资本。这些人情资本，在今天得到了回报。

　　年轻人初入社会，就如同一个公司新成立一样，一切都是空白。什么都要靠着一天天的进步，一点点的积累。我们看到，在走出校门时，大家没有什么分别，然而几十年后，有些人如鱼得水、朋友遍天下；有些人则步履维艰、举目无亲人。造成这个截然不同结局的原因是什么呢？就是人情的积累做得是否足够好，人情的信用卡维护得是否足够精心。

　　因此，作为一个年轻人，你就应该用心看待自己的人情信用卡。在平时里多存一些人情，只有多存才能多取。而且我们要知道，人情投资存得越久，红利也就越丰厚。他现在对你的鼎力相助，可能就是因为十年前你对他的施以援手。

　　我们看到，那些在社会上"吃得开"的人，无不是喜欢平时在"人情银行"里多存一些的人。等他们遇到事情需要帮忙的时候，不用说话，身边就会有曾经受益于他们的人挺身而出，上门来帮助他。

　　钱钟书是华人文化圈中有名的大家，其著名小说《围城》更是广受赞誉。因此在上个世纪，有不少导演登门拜访钱先生，意图将其《围城》拍成影视作品，但却遭到了先生的一一拒绝。然而，1990 年，女导演黄蜀芹却得到了钱先生的许可，他将《围城》的电视剧版权授予了黄导。一时间业内羡慕、极度、惊叹声纷至沓来。黄导为何能够得到钱先生的青睐呢？其原因还要从几十年前说起。

　　钱钟书出身书香门第，一生虽然平淡，但也很少波折。然而在困居上海写《围城》的时候，也曾陷入过窘迫。那是钱先生并无主业，因此家中全无进项，只好辞退了保姆后由夫人杨绛操持家务，所谓"卷袖围裙为口忙"。

　　那时，先生的学术文稿没有人买，于是他写小说的动机里就多少掺进了挣钱养家的成分。但一天 500 字的精工细作，却又绝对不是商业性的写作速度。恰巧，这时黄蜀芹导演的父亲黄佐临导演排演了杨绛的四幕喜剧《称心如意》和五幕喜剧《弄假成真》，并及时支付了酬金，这才使钱先生一家渡过了难关。没想到老父亲在几十年前积攒的人情，最终给女儿带来了丰厚的"红利"。黄蜀芹导演凭借《围城》一剧一举囊括"金鹰奖"、"飞天奖"最佳导演，从而迈入了知名导演的行列。

　　黄佐临导演肯定没想到，自己当初的随手帮忙，能够成就今天的一段佳话，然而世事就是如此。年轻人应该明白一点，行走世上，有因必有果，明天你得到他人什么样回报，关键即在于你今天如何对待他人。如果你想在今后的道路中频繁从人情信用卡中"提现"，那就要注意在日常生活中不断地"存钱"。

　　进入职场，面对新同事是打成一片还是敬而远之？初入社会，对于不喜欢的人是客客气气还是怒目而视？从短时间来看，这两者之间并不会造成多么不同的后果，但几年、十几年的时间积累下来，却会造成截然不同的人情积累。这就如同一个平日里准时还款和一个经常透支信用额度的人，在处理一笔款项上可能没有什么不同，但几年下来信用额度却会有天壤之别。

【职场常识】

　　所谓人人为我，我为人人。人情就是如此，你积累，你就能够提取；你透支，你最终就会失去。我们每个人出门都会带张信用卡傍身，以备不时之需。行走于社会之上、人生之中，所遇到的问题要更加复杂，如果没有一张信用额度足够高的人情信用卡傍身的话，你人生之路的坎坷就可想而知了。

人外有人，不要以为自己就是 NO. 1

在将要离开学校步入社会之前，我们的师长总会教导我们说"为人不可太张扬，须知人外有人，天外有天！"俗话说初生牛犊不怕虎，年轻人有闯劲、有胆识，这是好事情，然而如果狂妄过了头，胆识和闯劲变成了自视甚高、目空一切，做出一点成绩就沾沾自喜，进而有了唯我独尊的想法，这可就变好事为坏事了。

2012 年 3 月 30 日，北京金隅男篮在五棵松万事达中心体育馆举办的 CBA 职业联赛总决赛第五次比赛中击败了 CBA 霸主广东宏远男篮，从而以总比分 4：1 淘汰了宏远队，将 2011 至 2012 赛季 CBA 总冠军收入囊中，一时间京城球迷为之欢呼雀跃。在球队获胜之后，全场一万多球迷共同喊起了一个口号——MVP（最有价值球员），将其送给球队夺冠的第一功臣，美国外援史蒂芬·马布里。

对于 MVP 这一称谓，马布里可以说当之无愧。一个赛季下来，无论是场上表现、场下训练，抑或是从事公益活动，马布里都堪称是职业球员的典范。尤其他在更衣室里表现出的组织能力和面对对手与媒体时的谦虚，更是为他带来了一个形象的称谓——马政委。然而要知道，今天这个谦虚、低调的马政委，在年轻的时候却有过一段坎坷的经历，而造成他坎坷青春的正是他目中无人的性格和唯我独尊的脾气。

"基德无疑是个伟大的控卫，但是我坚信自己是 NBA 最好的控球后卫，所以这样的比较没有意义。艾弗森也是个好球员，但是他出手太多了，如果我有那么多出手机会，我的得分不会比他少，但是我会更多地组织进攻。"这是刚进入 NBA 时马布里在接受媒体采访时的言论。基德和艾弗森都是当时联盟顶尖的控卫，马布里居然将他们一笔带过，可见当时的他狂妄到了何种地步。

然而，狂妄的言语背后也要有切实的成绩作为支撑，在这一点上，马布里便没有了说服力。虽然在比赛中他个人时有突出的表现，但篮球毕竟是团队活动，靠一个人的能力是办不成大事的。在纽约几年，马布里都没有带领球队取得过令人瞩目的成绩，他比肩基德、艾弗森的大话一时成了笑柄。

　　更关键的是，狂傲的性格让马布里目空一切，他不服从球队管理、蔑视主教练权威、与队友不和，这样的行为让马布里和球队的关系越弄越僵，最终，他离开了纽约尼克斯。然而换了球队，马布里仍然没有改掉他目空一切的习惯，这导致他与转会的每一家球队都关系恶劣，最终他被"赶"出了NBA。

　　在离开NBA以后，马布里曾一度沉沦，然而在沉沦中，他逐渐意识到了自己的错误，最终他变得谦逊了起来，改掉了目空一切的毛病。而此时，命运之神又向其伸出了橄榄枝。他来到了中国，并在这片土地上取得了梦寐以求的成绩。更很重要的是，在这份成绩的背后，是球迷对他由衷的尊敬和喜爱，因为他高超的球技，也因为他谦逊的作风。

　　俗话说，老要癫狂少要稳。我们看到，无数像马布里这样的少年却因为轻狂付出了惨重的代价，更有人因此一蹶不振，从此再也没有做出过任何成绩。是他们的能力不行吗？不是！是因为他们太过狂妄了。

　　无论是古代还是现代，无论是西方还是东方，谦逊永远是一个良好的美德。虽然西方人性格相对开放直接一些，但从马布里的例子中我们可以看到，即便是开放的西方，过分的狂妄也是没有好果子吃的。

　　也许有的年轻人会说："狂妄是因为我有狂妄的资本！"然而真实的情况是，我们生活在一个人与人的社会中，很多时候，成就一番事业需要的不仅仅是个人的能力。如果没有他人的帮忙，一个人是很难成事的。而对于一个狂妄过分的人来说，想要在社会中积攒一定的人脉，想要在危难之际找些人来帮助就是十分困难的了。狂妄必定伤人，而伤人的人是不太可能有人愿意帮助的，别人不在你背后搞鬼、看你的笑话就不错了！

　　我们必须明白，学会谦虚待人、低调接物，这是一个年轻人在进入社会前必学的一课，只有学好了这一课，才能帮助你迅速找准在社会中的位置，帮你在人前树立良好的第一印象。

弗兰克和理查是好朋友，从大学毕业之后两人合伙成立了一家开发软件小公司。一年之后，两个人开发的一款软件获得了市场的认可，名誉和金钱蜂拥而至，两人成为小有名气的青年成功人士。

成功之后，两个人面对公众媒体的机会就多了起来。然而在公开场合，两个人的表现却截然不同。每每面对镜头，弗兰克总是表现的十分谦虚，将所有功劳都归功于理查，对同行企业也总是少有褒贬，多说好话；但理查却不然，总是面对记者侃侃而谈，不是吹嘘自己厉害就是贬低同行无能。这样久而久之，公众对于两个人的看法就有了天壤之别。

在大家的眼里，弗兰克是一个低调而务实的人，而理查虽然也很有本事，但太过目中无人，因此不好相处。所以，但凡是来公司谈合作的人，都希望能够和弗兰克交流，而尽量躲避理查。就这样，三年的时间过去了，弗兰尔已经在业内积攒了良好的人脉，而理查却像一个浑身长刺的刺猬一样，无论到哪里都不受人待见。而此时，两人开发的软件早已过时，公司也入不敷出，只好分道扬镳。散伙之后，弗兰克靠着自己三年来积攒的人脉迅速实现了东山再起，而理查却一蹶不振，每日借酒浇愁，怨天尤人。

俗话说："天不言自高，地不言自厚。"一个年轻人有没有本事不是自己说了算的，要拿出来让人肯定才行。对于一个谦虚的年轻人来说，大家是乐于承认他的能力的，但一个人如果目空一切而招致别人不满的话，那么即使他有本事，也是很难受到认可的！

【职场常识】

天外有天、人外有人，这个世界上没有超人。即便你确实在某方面突出，但有些领域你也是不如别人的，你不可能总在自己的"一亩三分地"混。因此对于一个初入社会的年轻人而言，意识到自己的不足远比骄傲的自恋要重要得多。

有钱难买一声好，进入职场先学会"互捧"

嘴不饶人，这是很多年轻人都喜欢犯的错误，年轻人总有些倔强的性格，即便是面对自己的好朋友，也经常会在嘴上争锋较劲，更不要说对于其他人了。

你说你厉害，我就必然说我更厉害；你坚持你的观点，我就非要把它驳倒，这种事情在年轻人中间比比皆是。如果是在课堂上、宿舍中聊天，那么此类问题无伤大雅，然而步入社会之后，尤其是在职场中，嘴上争锋可是要吃大亏的。对于一个初入职场的年轻人来说，收敛一下自己嘴上的功夫，逢人多说些好话，尤其是奉承话，对于自己的职业前途是至关重要的。

要知道，无论是私企还是机关，没有几个人为你说好话是不行的。那么如何让别人为你说好话呢？关键在于你先开口捧别人。你恭维别人，别人自然就会恭维你。如此实现良性的"互捧"，一来一去之间，你良好的职场人脉也就建立起来了。

小刘在一家大公司担任部门经理的秘书，每个月都要陪同部门经理去总部向总经理汇报工作。总经理是个自视甚高的人，平时在公司中总喜欢出个规章、定个制度，凡事也都喜欢装"大明白"，总是对各种问题发表看法，但有些看法却实在是不敢恭维！

这一次，在办公室里，总经理拿起一本书稿给部门经理道："我最近看了很多商务的东西，对此有些心得，现在写成了一本书，你拿去好好读读，领会一下我的经验！"

接过书稿，部门经理称赞道："看这厚厚的一本经验，我可真得好好向您学习。如果您不是出来经商，而是在大学里专门研究经营管理，我相信您一定会成为商务管理的专家，会有更加突出的成果问世。"

听了部门经理的话，总经理哈哈大笑，这可乐坏了一旁的小刘，心想部门经理者马屁拍的可真够响的，但转念一想说两句好话也不算什么，还能让总经理高兴，何乐而不为呢？于是也插话道："是啊！总经理您不知道，第一次见到您时我就曾误会过，还以为您是哪个学校的教授呢？看您这份求知的劲头和研究的精神，您可真称得上是一位儒商。有空您可得多指导指导我们下边的员工，让我们也跟着您一起进步！"

总经理听了小刘的话，更是喜上眉梢，冲着部门经理说道："你这秘书叫什么名字啊？小伙子一看就机灵，又这么好学，前途无量啊！有空多带他来上面走走，让他和总部的人多认识认识！"

一句恭维的话，不但让小刘在总经理面前留下了好印象，还打通了一条直通总部的道路，以后的升迁就指日可待了。由此我们可见，在职场中学会捧人对于一个新人来说是多么重要的。

然而，有人会认为在职场上恭维别人显得太假，是虚伪的表现，因此对此非常的不屑。有这种观点的年轻人很多，也可以理解，毕竟年轻人都或多或少有一种清高的心态。

但是，恭维别人，尤其是在职场上的恭维话，却并非是虚伪的表现。要知道，在人与人交往的时候，说好话是不可避免的，就比如我们祝福别人"长命百岁"，但别人未必就会真的活到一百岁，只不过是个客套话而已，但对方听了之后却会悠然升起一股暖意。职场上个恭维话也是如此，既能让对方听了舒心，又能为自己换来人情，何乐而不为呢。

当然，恭维话也不是怎么说都可以的，捧别人同样也是需要技巧的，不是一味溜须拍马就能把职场混得如鱼得水。有些重要的职场捧人原则，我们是必须掌握的。

第一，职场恭维要看对象，恭维话要因人而异。俗话说"到什么山唱什么歌，见什么人说什么话"。恭维的话别忙着出口，说话之前要先看看对方的情况，比如年龄、性别、文化程度等。一句文绉绉的恭维话送给只有小学文化的上司，非但起不到什么效果，反而会让上司认为你讽刺他，这就得不偿失了。

第二，职场恭维要掌握好时机。兵书上说行兵打仗要相机而动，说话也同样要遵循这一原则。当你发现对方有值得恭维的地方，就要及时大胆地恭维，千万不要错过时机。若不合时机地恭维，只能南辕北辙，结果就会事与愿违。同时还要记住：当你的朋友发现他自己的某种不足而正想改正时，你却对他的这种不足之处大加赞赏，绝对不会令你的朋友满意。"朋友有劝善规过之谊"的古训，也是交际中的一个准则。

第三，职场恭维要掌握分寸，不要弄巧成拙。不切实际的评价其实是一种讽刺。使用过多的华丽词藻、过度的恭维、空洞的奉承，只能使对方感到不舒服，不自在，甚至难堪、肉麻，结果令人厌恶，适得其反。违心地迎合、奉承和讨好也有损于自己的人格。假如你对一位字写得比较漂亮的同事说："您的字真是世界第一，堪比宋徽宗的瘦金体！"那结果只能使其难堪。但如果你换句话说："您写的字的确神形兼备！"你的同事一定会感到高兴，说不定还会眉飞色舞地向你介绍一番他练字的经过和经验。

混迹职场，个人能力固然是第一位的，然而在看过很多有能力却遭人排挤的例子之后，相信读者对于职场人脉的重要性也有了深刻的认识。

在职场中，良好的人脉有时比能力更重要。而恭维别人，好话不离口就是帮助你构建良好职场人脉的重要手段之一。虽然说没有恭维别人就未必没有好的人脉，但恭维话是如此的低成本又如此的有效果，那么我们就何乐而不为呢。

【职场常识】

俗话说"千穿万穿，马屁不穿"。人人都爱听恭维话，人人都渴望得到别人的赞赏和好评。在职场上尤其如此，作为一个新人，多说几句好话能够帮你迅速融入团队，甚至带来意想不到的收获，何乐而不为呢。

要懂得为自己做"广告"

如果统计年轻人进入社会头几年最愿意抱怨的问题，"怀才不遇"绝对是排名榜首的。每个进入社会的年轻人都梦想着成就一番事业，然而等到了现实中才发觉，自己的雄心壮志竟无处安放，空有一身本领无处施展，由此便产生了"怀才不遇"的想法，变得越来越沮丧。有些人甚至因此对自己产生怀疑，最终沉沦下去一事无成。

"怀才不遇"是令人痛苦的，每个年轻人都想要避免。因此，当我提出怀才不遇更多的是年轻人自己造成的这一观点时，恐怕没有几个人能够接受，然而事实就是如此。

"世有伯乐，而后有千里马，千里马常有，而伯乐不常有"，这是韩愈的一番至理名言。既然伯乐是稀缺资源，那么自认为千里马的年轻人就应该主动去寻找伯乐，而不是等待伯乐来寻找自己。一个年轻人再有才华，如果不展示出来，也不可能为伯乐所赏识，因此我们才说，如果你是一个有志向的年轻人，当身处"怀才不遇"这种尴尬境地的时候，你所要做的不是抱怨，不是沮丧，而是尽量展示出自己的能力。有的时候，赔本赚吆喝为自己打一打"广告"也是不错的手段。

只要一提起皮尔·卡丹，相信没有人会不知道。它是世界最知名的服装品牌之一，被誉为法兰西民族的标志。它机构齐全，拥有自己的银行、码头、工厂，涉及生活的方方面面，一贯实行产、供、销一条龙的经营策略。目前，全世界有90多个国家生产皮尔·卡丹产品，它在至少185个国家设有5000多家商店，这一"帝国"在全世界大约有18万名职员。

然而，很少有人知道，作为品牌的创始人，皮尔·卡丹先生的成功之路是从赔本赚吆喝，给自己做广告开始的。

皮尔·卡丹出生在意大利，小学都没毕业就同父母来到了法国。18岁时，皮尔·卡丹又离开家只身来到巴黎闯天下。当时，身无分文的他想要在巴黎安身立命就必须有一个职业。这时他看上了一家裁缝店，想要成为裁缝店的学徒，但无论是年龄还是学历都成阻挡他的难题。此时皮尔·卡丹灵机一动，从一个意大利醉汉手中购买了一张意大利某著名裁缝的名片，对裁缝店老板谎称自己曾在这个裁缝手下做过事。一看是大师的学徒，裁缝店老板欣然雇佣了他。而等到发现卡丹对裁缝实际一无所知时，老板已不好意思再赶他走了。就这样，皮尔·卡丹靠一张买来的名片开启了自己的服装设计之路。

第二次世界大战结束后，欧洲经济走上了复兴之路，皮尔·卡丹此时也正值年轻，因此离开了裁缝店，想要建立自己的事业。然而此时一无名气，二无资本的他想要在竞争激烈的时装界站住脚，是件非常困难的事情。

但是，困难阻挡不了皮尔·卡丹，他又拿出自己那套赔钱做广告的本领。他找到当时的著名演员让·马雷，免费为他设计了十二套服装，只是要求当有人问到服装设计者时要马雷说出自己的名字。对于这天上掉馅饼的好事，马雷自然一口答应，殊不知这正中了皮尔·卡丹的"圈套"。原来，马雷对皮尔·卡丹设计的服装非常心仪，因此在很多公开场合以至于影片中都将其穿着在身上，而随着马雷影片的公映，就等于为皮尔·卡丹的服装做了广告。

果不其然，随着马雷的电影票房一路飙升，皮尔·卡丹的名气也越来越大。他从一个默默无闻的街头裁缝一跃而成了法国最著名的服装设计师，他的事业也就此迈向了成功。

试想如果不是花钱为自己买了一张名片，皮尔·卡丹的服装之路恐怕在还没有开始的时候就结束了；而如果不是免费为马雷设计服装，皮尔·卡丹可能最终也不过是个二流的服装设计师，不为大众所接受。

能够成为服装设计大师，并为今天偌大的皮尔·卡丹奠定下坚实的基础，皮尔·卡丹的能力自然是毋庸置疑的。然而能力再强，如果不是这两个契机让他进入服装界、为大众所熟知所追捧，他恐怕也不会有如此的成绩。

因此我们必须要说，在很多时候，主动一点给自己做广告，哪怕付出一定的代价也是值得的，尤其对于一个刚刚步入社会的年轻人来说更是如此。一没经验，二没成绩，三没贵人引荐，如果再不通过宣传自己给自己创造出一点名气来，那么你的成功恐怕就只能寄托在运气上面了。

2006年时，著名的哈佛商学院曾有两位助理教授向即将毕业的学生布置过这样一道课堂作业：两位老师先要学生重新阅读。过去以来所有学过的营销理论与知识，加以融会贯通，再以"自己"为商品，把自己卖出去。

如何让自己成为"抢手货"呢？同学们的答案五花八门，但归根结蒂都有一个前提，那就是先让社会知道有自己这个人的存在。

从哈佛的课堂作业中我们可见，对于自我宣传的必要性已经为越来越多的人所重视。因此，作为即将走进或者刚刚步入社会的年轻人来说，为自己做广告将自己推销出去，是每一个人都应该重视的。

【职场常识】

我们生活在一个酒香也怕巷子深的年代，名气大远比质量好要重要得多。因此我们看到，很多企业不惜血本地做广告就是因为只有有了名气，商品的质量才能为人所关注，否则即便质量再好而无人问津也是白费力气。这一点对我们年轻人的启发不可谓不大！

职场"智猪"，不做得利的小人也不当吃亏的好人

在经济学中，有这样一个有趣的名词叫做"智猪博弈"。其内容是：在某只猪圈里，有一头大猪和一头小猪；猪圈的一端有一个食物槽，而另一头则安装着一个控制猪食供应的踏板。只要将踏板踏下就会有 10 个单位的猪食掉进槽里。但是，无论是大猪还是小猪，跑去踩踏板就会有一定的体力消耗，消耗的体力大致需要两个单位的食物来补充。当食物掉下来时，如果大猪先到槽边，大小猪吃到食物的比率是 9∶1；大小猪同时到槽边，吃到食物的比率则变成了 7∶3；而如果小猪先到槽边，那么吃到的食物比率则为 6∶4。当这样的情况出现时，如果小猪足够聪明，那么它就会选择等待，等大猪去踩踏板。

为什么要先讲这个经济学名词呢？我就是想告诉读者，在我们刚一进入社会时，我们的处境就如同这小猪一样。很多时候，我们的努力反而是为别人做嫁衣。在这种情况下，我们就应该学得聪明一点，不要跑去"踏踏板"，而是选择"搭顺风车"，尽量去借大猪的光。

然而，很多年轻人不懂得这一点，认为自己年轻就应该多干一些，以便给人留下好的印象。诸如进入一家公司，对同事是有求必应，甚至还经常帮同事完成他们的工作。久而久之，老好人的名声确实留下了，但细细思量却会发现，自己的收获和付出完全不成正比，自己很多努力，都成了别人的功劳，空忙活一场，除了一个虚假的好名声什么也没留下。

大家可能还记得，郭冬临曾经表演过一个名为《有事儿您说话》的小品。在小品中，郭冬临扮演的郭子就是一个不懂得做"小猪"，一心做老好人的职场新人。

郭子发现，无论职位多高的人在买火车票的问题上都很困难，所以大家认为能在别人买不到车票的情况下搞到票的人很有本事，于是便想

通过帮人买火车票给大家留下好感。

其实，郭子在火车站没有熟人，但为了表明自己有能力，他硬是对别人说在火车票售完后依然能搞到票。结果，很多同事请他帮忙买票。他是有求必应，答应了别人，自己就只好半夜三更去排队买票。结果托他买票的人越来越多，把自己逼进了死胡同，有时他不得不自己贴钱去票贩子那里买高价票。到最后，当他的爱人把实情向对方说了之后，对方非但不相信，还认为他有意推脱。郭子白忙了一场，最后连老好人都差点没当成。

我们想一想，同事买不到火车票，这个郭子有什么关系？但他却非要逞能，结果把自己陷入了尴尬的境地，这就是初入社会不懂得人情世故的问题了。

我们要知道，当别人遇到困难的时候，我们伸出援手是对的，但前提必须是别人有求于我们而不会影响我们的正常工作、生活。帮这样的忙一来不会给自己造成麻烦，二来会让对方感激在心。

如果不是这样，而是主动去表现，那就成了跑去"踏踏板"的"傻猪"。非但给自己找来了麻烦，还会让对方觉得你这是应当应分的，连感情收获都得不到。

赵刚去年七月从学校毕业，通过应聘进入了一家咨询公司，成了最底层开发客户的员工。一年时间做下来，赵刚形容自己是巨石下的小草，拼命挺直身子，在公司里挣扎活命，但却得不到应有的回报。

赵刚有如此的苦恼，主要原因就是自己做成的客户，汇报到老板那里都变成顶头上司的业绩。顶头上司原本是凭借骄人的工作经历被招进公司直接做客户总监，仅比赵刚早进公司两个多月。据说客户总监在赵刚进公司前的业绩平平，赵刚进公司后，才有了点"高歌猛进"的意味，而老板完全不知道这其中赵刚的成绩。赵刚与朋友们说起这些事，最常用的一个词是"郁闷"。如果不是就业形势不乐观，赵刚可能已经开始寻找下家公司了，可是现在他却只能忍耐，真不知道什么时候是个头。

类似赵刚这样的情况在职场上有很多，然而大多数都发生在刚刚进入职场的新人身上。为什么如此呢？原因就在于新人有干劲，希望通过自己的表现获得认可，但却没有看清职场上的结构，最后成了"为他人做嫁衣"的老好人。在一些公司内，甚至专门有这样的老员工，他们就是利用新人这种心态，几句好话笼络新人为自己卖命，让他们成为自己事业的垫脚石。对于此类情况，我们是一定要多加防范的。

那么，我们应该怎么做才能避免自己成为吃力不讨好的大猪呢？我认为有以下几步做法：

首先，在心里要有个清醒的认识，明白什么是自己的分内事，什么事自己的分外事。对分内的事一定要努力做好，对分外的事则不用那么尽心，即便是有余力去做，也要摆好姿态，不能在人心里留下爱做分外事的常态，否则就可能把分外事做成分内事。

其次，改变做老好人的情愫，对别人的请求该拒绝的也得拒绝。尤其是那些无理的要求，即便自己能做到，也要坚决的拒绝。不要因为怕伤感情就忍气吞声，要知道，对方第一次提出无理要求时你拒接是对方的理亏，但如果第一次你不拒绝，等到有一天受不了之后再拒绝，那可就完全是你的理亏了。

最后，帮助他人是必要的，但在帮助他人的时候也要把姿态做出来，要让对方明白你是在帮他而不是"闲着没事儿"。只有如此，才能够让对方领情，否则的话，就会让对方产生搭顺风车的心态。不但不领你的情，说不定还会在背后骂你傻！

【职场常识】

平时和谁都客客气气，但一到关键时刻却发现自己连一个朋友都没有，这就是老好人的悲哀。人情是友情的基础，帮忙必然会带来人情，然而如果你费了劲、出了力、帮了忙却没有得到人情，那你这个忙也就算白帮了。

第二章
想要依赖别人？靠自己才最实在

不要让自己永远停留在毕业前的幻想里

在网上流传着这样几句话，据说是世界首富比尔·盖茨先生写给的年轻人的忠告。这些话到底是不是盖茨先生亲口所说我们无从知晓，但是这些话中的道理却实在是初入社会的年轻人应该懂得的。尤其有这样一句令人印象深刻：高中刚毕业你不会一年挣4万美元。你不会成为一个公司的副总裁，并拥有一部装有电话的汽车，直到你将此职位和汽车电话都挣到手。

这句话告诉我们什么道理呢？年轻人总喜欢憧憬、喜欢梦想、喜欢为自己描绘美好的蓝图，然而，等年轻人一迈出校门的时候就会发觉，原来世界不是自己所想的那样。他们的很多梦想还没等事实就被打翻在地，这让很多年轻人一时手足无措，进而陷入恐慌、沮丧，甚至于绝望，并从此迷失了方向，一蹶不振。

在美国有一位名叫凯瑟琳娜的女孩，她从小就过着殷实的生活。她的父亲是芝加哥有名的整形外科医生，母亲在一家声誉很高的大学里担任教授。从小到大，她上的都是最好的学校，接受的是最好的教育。在她的生活中，从来就没有她做不成的事，而这也让凯瑟琳娜养成了喜欢梦想的毛病。

凯瑟琳娜从念中学的时候起，就一直梦想当上电视节目的主持人。她觉得自己具有这方面的才干，因为每当她和别人相处时，即便是陌生人也都愿意亲近她并和她长谈。她知道怎样从人家嘴里掏出心里话，她的朋友们称她是他们的"亲密的随身精神医生"。她自己也常说："只要有人愿给我一次上电视的机会，我相信我一定能成功。"

大学毕业之后，凯瑟琳娜迫不及待地开始了让自己成为主持人的行动。她先是向电视台投递简历，简历却如石沉大海。看到投递简历不起作用，凯瑟琳娜开始登门拜访，然而无论是哪家电视台，只要一听到她说明来意，就都会立即拒绝她。吃了无数次闭门羹的凯瑟琳娜陷入了深深的沮丧当中。

这时，她母亲的一位朋友得知了她的苦恼，上门找到了她。母亲的朋友告诉她，一个大学毕业生想一步成为主持人是不现实的，应该从基础的工作做起，先打打杂熟悉电视台的工作，再进入幕后策划圈，最后才能成为主持人。对母亲朋友的忠告，凯瑟琳娜却不以为然，她觉得自己天生就是当主持人的料，从基础做起完全是浪费时间，因此拒绝了母亲朋友将她介绍给电视台做助理编导的工作。

母亲的朋友摇摇头告别了凯瑟琳娜，而凯瑟琳娜也告别了她一步步成为主持人的机会。她梦想着"一步登天"，然而直到三十岁来临时，她还没在电视上露出一次脸。更关键的是由于长期陷在主持人这个梦想中，凯瑟琳娜对别的工作都提不起兴趣来。因此直到三十岁，她还没做成哪怕一件正经的工作，她的青春就这样在梦想中流逝了。

不切实际的梦想谁都会有，一个人是否成熟的分水岭不是看他会不会空想，而是看他懂不懂得将空想和现实隔离开。一个最终能够获得成功的人，一定是懂得放弃空想、脚踏实地的人。那些总是沉浸在昨日的梦想中无法自拔的人，将最终迷失在自己的梦想中，直到最后也一事无成。

对于一个初入社会的年轻人来说，如何融入社会才是最重要的。即便你的梦想十分可行，也必须要在现实的大环境中一步步去实现。因此比尔·盖茨先生才忠告年轻人：不要让自己永远停留在毕业前的幻想里。

有一部非常火的电视剧叫《奋斗》，相信很多读者都看过，其内容讲的就是一群刚刚毕业怀揣着梦想的年轻人如何"奋斗"的故事。在剧中佟大为扮演的陆涛就是很好的一个梦想与现实割裂开的典范。他在追求自己的梦想的道路上，遇到了许多坎坷，经历了许多磨难。这些坎坷和磨难的来源是什么？就是他无法从毕业前的梦想中将自己"解放"出来，总是沉浸在自己的梦想中。不错，陆涛确实非常努力，在他"奋斗"的过程中也确实得到了许多，然而试问，如果不是他有个条件优越的父亲，他的努力最终会收获到什么？我想每个读者都会心知肚明。

对于刚毕业的年轻人来说，有梦想没错，但是梦想并不代表现实。

想要拥有些什么，你就应该先付出些什么；想要获得别人尊重，你就要先做出令人尊重的事情来。

曾经有这样一个新闻：安徽某地，警方端掉了一个传销的窝点，当警方对卷进传销的受害人进行统计时居然发现，受害人中绝大多数都是刚刚毕业的大学生，有些还是硕士生。对此，警方陷入了深深的疑惑：传销骗人的手段都是非常低劣的，为何居然还会有这么多接受过高等教育的大学生受骗呢？

原因很简单，这些大学生自视太高，对自己没有清醒的认识，整天做着一毕业就能担任重要职位，年薪十万以上，有十几个随从听命于自己这样的美梦。对于这样的人，传销组织不去骗他们又骗谁呢？

有句话说的很好：一个见不得现实的梦想，完全就是空想。只有清醒过来，从现实出发，才是初入社会的年轻人成功之路。所谓"梦想成真第一件要做的事就是先从梦中醒来"，对于我们年轻人来说，道理就是如此。

【职场常识】

很多时候，我们感受不到生活的美好；一踏入社会，我们就抱怨社会的黑暗。然而真实的社会虽不算美好，但也未必就如此的黑暗。之所以会让我们有如此的想法，根源在于我们放不下进入社会之前的梦想。

莫用别人的尺子量自己，初入社会要自信

曾经有一款著名的电视广告，其广告语是这样说的："不做第二个谁，要做第一个我！"对于一个刚刚离开象牙塔的年轻人来说，步入并不熟悉的社会，大多会想要寻找一个成功的榜样，照他的样子来塑造自己的社会角色。但其实很少有人意识到，这其实就是失败人生的开始。

我们做这样的假设，每个人都一直按照自己身高买衣服。然而，有的人在进入一个全新的市场之后，由于不是十分自信，进而想要选择借用那些看起来衣着得体的人的尺码来为自己挑选衣服，那么结果就可想而知了，买到的衣服不是大就是小。由此我必须要提醒初入社会的年轻人，在谦虚务实的基础上也要保持绝对的自信，要用自己的尺码来衡量自己。

用自己的尺码来衡量自己，这一点在影视界体现得是最明显不过的了。有这样一个女演员，其进入影视圈的前几年一直成绩平平，原因就在于她过分将目光注视在那些成功的范例身上。但她却没有别人那样出色的样貌、窈窕的身姿和动人的歌喉，她长相并不出众，也不善舞台表演，因此学习别人走偶像路线就无异于"东施效颦"了。

在被"雪藏"了几年之后，她终于醒悟了，她明白了别人的成功并不能照进自己身上，自己应该发挥自己的优势，做最好的自己。她有什么优势呢？就是喜剧表演。她有一身天生的搞笑本领，再加上夸张的银幕表演和对角色的准确把握，使取得了成功，并因此一发不可收拾，一跃成为华人影视圈里炙手可热的明星，她的名字叫吴君如。

吴君如这个名字，相信只要看过香港电影的人就没有不知道的。她的样貌不能说不漂亮，但却绝没到沉鱼落雁、天姿国色的地步。因此，在初入影视圈时选择一条偶像式发展道路的她无法获得观众的青睐是肯

定的事情，但好在最后她重新找到了自己的那把尺子，并因此给自己披上了一套最亮丽的新装。

美国大作家爱默生曾有这样一段蕴含哲理的话：在每一个人的教育过程之中，他一定会在某时期发现，羡慕就是无知，模仿就是自杀。不论好坏，他必须保持本色。虽然广大的宇宙之间充满了好的东西，可是除非他耕作了那一块给他耕作的土地，否则他绝得不到好的收成。他所有的能力是自然界的一种新能力，除了自己之外，没有人知道他能做出什么和知道些什么，而这都是他必须去尝试求取的。

事实就是如此，试问有谁会去和姚明比身高呢？又有谁会去和博尔特比速度呢？既然这两者没人去做，那么为何还会有人用别人的成绩来衡量自己呢？没有多少人长得比姚明还高，绝大多数人也是无法赶上博尔特的速度，用他们来衡量我们自己，可笑程度一目了然，然而很多人没有意识到，其实用别人的成功衡量自己是和前者一样可笑的！

有位姓吴的女士，她出生在一个相对比较贫困大家庭，因此身上总带有轻微的自卑感，以至于做什么事都喜欢看别人。如果身边没有一个对照者让她能够学习，她就会感到无所适从。

后来吴女士结婚了，嫁给了一个比她大好几岁但家庭优越的男人，过起了令人羡慕的阔太太生活。然而虽然生活环境变了，但她自卑的情结反倒更严重了。由于婆家人都非常的典雅、自信，生活在这样的家庭之中，吴女士自然也想尽力做得像他们一样。但无奈有些东西是天生的，吴女士无论多么辛苦也做不到令自己满意的模样。久而久之，吴女士开始变得抑郁且烦躁，她躲开所有的朋友，甚至连听到门铃声都感到害怕，她认为自己是个失败者。但是，她不想让丈夫发现这一切，于是在公众场合她总是试图表现得十分快活，有时甚至表现得太过头了，于是事后她又十分沮丧。

慢慢地，吴女士的生活中失去了快乐，她看不到生命的意义，于是想到自杀……不过好在最终她走出了困境。一次与婆婆聊天，两个人谈论以后如何教育孩子，婆婆对她说："无论他向哪方面发展，我们只需要让他们秉持自己的本色就好了！"

婆婆不经意的一句话，却像黑暗中的一道闪光照亮了吴女士，吴女士瞬间明白了自己的症结在哪里——原来她一直在勉强自己去充当一个不大适应的角色。从此以后，吴女士整个人就发生了改变，她开始让自己学会秉持本色，并努力寻找自己的个性，尽力发现自己究竟是一个什么样的人。

她开始观察自己的特征，注意自己的外表、风度，挑选适合自己的服饰，她开始结交朋友，加入一些社交的活动。慢慢地，这些改变的效果体现出来了。现在，笼罩在吴女士生活中的阴霾早就散去了，她的生活中重新充满了笑容，而这一切都来自于简简单单的"做自己"。

为什么有的年轻人会迷失自我，觉得自己"没有价值"、"不配得到成功与快乐"呢？就是因为他接受了"我应该像某某人"的观念。要知道，我们这个世界上并没有所有人通用的标准，其他人的成绩只属于其他人。就如同世界上没有两片一模一样的叶子一样，世界上也没有两个完全相同的人。自信一些，给自己寻找到最合适的尺子，如此你才能够量出属于你的人生！

【职场常识】

人有高矮胖瘦，不要拿他人的标准来衡量自己，因为你不是他人。没有谁喜欢别人的复制品，因此不要妄想成为他人。只要你了解这个简单的真理，你就能做好自己。而当你做好自己时，你才能获得别人的认可。

现实不认可学历，态度才是第一位的

曾经有这样一个故事：一位某高校的硕士在毕业之后面试过很多家企业都未获得认可。我们知道，现如今很多企业对于高学历的人才都有一定的排斥，一方面高学历者对于待遇肯定是会有所要求的，另一方面高学历并不意味着高能力，眼高手低这种事在中国的大学生中间是屡见不鲜的。因此，这位硕士生有如此的遭遇我们也可以理解。

一两次还好，闭门羹吃多了硕士生就有些沮丧了。他认为自己很有能力，但如果连给他施展的机会都没有的话，有谁能知道自己有能力呢？他经过很长时间的思考，决定改变求职的方式。

这一次，他没有掏出自己的学历文凭，而是以一个普通求职者应聘进入一家企业，从最基础的办公室打扫卫生开始做起。这样做了三个月，办公室主任发现他经常能够帮助其他员工解决一些电脑的问题，很多问题甚至是公司维护人员都感到非常棘手的，于是便特意找他谈话问他是否学过电脑。

在办公室主任面前，他拿出自己考取的计算机等级证书，主任一见他原来还是个计算机专业人才，于是便把他提升为正式员工。正式员工又当了三个月，主任发现，他在很多方面要比其他员工优秀得多，无论理论还是操作，他都是办公室里能力最强的，于是主任又对他提出了疑问。面对主任的疑惑，硕士生拿出了自己的大学本科毕业证，而一番沟通之后，主任又再次升了他的职，让他担任一个小组的负责人。

半年过后，在公司年终的考评中，硕士生带领的小组在公司内部业绩第一，而作为负责人的他自然也得到了高层领导的约见。在高层领导面前，他拿出了自己的硕士学位证书，并在领导诧异的眼光中将自己求职的经历和想法和盘托出，听了硕士生这番解释，领导们哈哈大笑，既折服于硕士生的智慧，又为公司有这样的人才而高兴，于是便在心中对他留下了深刻的印象。又过来半年，这位硕士生被提升为办公室主任，一方面自然由于他过人的工作能力，另一方面也由于他给领导们留下的良好印象。

这位硕士生的"手段"实在是高明。然而能够想出这手段，一方面固然是他过人的智慧，另一方面也在于他有正确的态度来面对社会。要知道，像他这样遇到求职障碍的高素质人才绝不少见，但有几个人能够甘心放低姿态，"屈尊"从底层做起呢？有多少高学历大学生在求职不如意的时候不是怨天尤人，将一肚子气撒在用人单位不识货上呢？因此从硕士生的故事中我们能够看出，年轻人在适应社会的过程中，态度才是最重要的。

一直以来，我们的社会都对高学历有一种痴迷，认为学历高就代表能力高，因此对于高学历人才总是趋之若鹜。不过，在很多企业纷纷吃了高学历人才的亏之后，他们慢慢地醒悟了，进而改变了对学历的执迷，而将重点考察方向放在了应聘者的综合实力上面。那么，作为适应者的年轻人，能否将自己的综合实力展现出来就成了他们能够在社会上站稳脚跟的关键，而如何能够确保将自己的实力展现出来呢？这就需要有一个正确的态度了。

中国国家足球队功勋教练，带领中国男足闯劲世界杯的首功之人波拉·米卢蒂诺维奇就有一句名言：态度决定一切！不错的，在很多时候，有高的学历并不能说明问题，只有有良好的态度才能够确保你展现出最好的自己。

有一个十七岁的高中毕业生在某处看到一个招聘启事，对于招聘启事中的工作他非常心仪，第二天一大早他就起来准时去应聘了。然而当他到了地方才发现，招聘队伍已排了老远，在他前面有足足二十个人，其中大多数人还带着自己的学历证书。

面对如此的情况，很多人也许会打退堂鼓，但这位高中毕业生却没有，他觉得自己应该争取一下，于是他找来一张纸，在上面写了几行字把它交给现场工作人员，要他务必将这张纸交给面试官。

当面试官打开这张纸后，他看到了这样一行字："先生，我是外面排在第二十一位的一个面试者。虽然我没有很高的学历，但我相信我是这份工作最适合的人选，只需要给我一段时间让我当面向您展示一下我的能力。我请求您在见到我之前不要做任何的决定。谢谢！"

最终，这个高中毕业生如愿以偿了，面试官在他进入考场之前没有选择结束面试，而且对他也进行了长时间的考察，最后他击败了很多比他学历更高的人，获得了这份工作。

这位高中毕业生最后为何能够获胜呢？就在于他的态度，自信、诚恳而又不失谦卑的态度最终帮助他打动了面试官。由此我们可见，对于年轻人来说，良好的态度才是在社会中站稳脚跟的第一步。而没有一个良好的态度，也就成了很多高学历人才最终不被认可的"罪魁祸首"。那么，什么样的态度才算是良好呢？

首先，不要恃才傲物。很多高学历的人自视太高，自以为有了高学历就成了天子骄子，因此变得骄傲甚至于狂妄起来。而狂妄是社交里的大忌，一个狂妄的人肯定是不受欢迎的，一个不受欢迎的人，自然也就得不到别人的认可了。

其次，要懂得从基础做起。年轻人不要以为自己的学历高就看不起基础工作。要知道，只有基础工作做好了，才能让别人放心把你放到更高的"舞台"上面去展示。而且，当你把基础工作做好时，你的能力其实也会相应地得到锻炼。

最后，要乐观的面对挫折。无论是工作上的问题，还是人际交往中的问题，都是年轻人在适应社会时不可避免要遇到的。在解决这些问题的时候，能力自然是一方面，但也要有良好的心态从旁做好辅助工作。只有如此，才能保证你一方面心态不至于出现问题，另一方面给人留下更成熟的印象。而一个迅速成熟的年轻人，无疑会成为最早成功的人。

【职场常识】

态度是稳定你行为的舵，就如同苍鹰的尾巴一样。只有尾巴伸展开来，才能够让鹰飞得更高、更远。鹰的翅膀再坚实，尾巴如果光秃也是飞不起来的，同样，你的学历再高，没有良好的态度做保障，也是无法将其展现出来的。

命运在自己手里，而不是别人的嘴里

社会是一个人的集合，既然进入了社会，就难免不会受到受到他人的影响。对于一个"饱经风霜"的成年人而言，他人的言语可能对自己的影响并不大，但是对于一个初入社会涉世不深的年轻人而言，让他完全不理会他人的言语，就显得不太现实了。

重视他人的目光和评价，这是很多年轻人固有的情结，而这个挥之不去的情结也最终导致了很多年轻人的失败。为何呢？原因就在于每个人都是一个独特的个体，没有一条轨迹是适应所有人的。因此自己的命运只能掌握在自己的手中，过于执着于别人的评价，最终只能是一无所成。

曾经有这样一个有趣的故事：一对父子一大早赶了头驴子到城里。走着走着，他们发觉路人总是对自己指指点点，仔细听才发现原来他们都在议论自己。只听路人说："这两个人真笨，放着驴子不骑而走路。"

听了路人的话，父子觉得似乎是这么回事儿。于是父亲让儿子骑在驴背上，自己在后面赶着，继续往前走。走着走着，父亲发现路人的指指点点仍没有减少。仔细听，原来这次路人的批评改成了："这个儿子实在不孝，自己骑驴让父亲走路。"

听了这话，儿子觉得很是羞愧，于是连忙跳了下来，请父亲骑驴，继续往前走。这样走着，不一会儿又听路人指责道："这个老子真是不懂得疼爱自己的孩子，自己骑驴，叫那么小的儿子走路。"

这次，感到羞愧的人变成了父亲，于是他赶快把儿子也拉到了驴子的背上，两个人一起骑驴赶路。结果没走出多远，又听到路人在那里议论道："这俩父子真是狠心，两个大男人骑一头驴子，也不怕把驴子给累死！"

没办法，父子两人赶忙跳下驴子，面面相觑，实在不知如何是好，最后决定合力扛抬着驴子进城。于是两人将驴子绑好，一人一头抬着走，结果这次反而招来了路人更多的议论和讥笑。

想想我们的经历，是否也有过类似于这对父子的尴尬呢？是什么让我们陷入了如此的尴尬地步呢？是路人吗？不是！其实让我们陷入如此尴尬的正是我们自己。要知道，无论我们做些什么，总会有"不和谐"的声音出现在我们耳边。如果我们过于在乎这些噪音，那么我们就只能是束手什么也不做；即便是这样，也未必会让噪音全部消失。

一个聪明的年轻人应该懂得，对于别人的建议要认真考虑，然而对于别人毫无意义的议论则应该无视，要对自己保持自信。不因为别人的否定就动摇自己，如此才能够成就属于自己的事业。

在 NBA 的历史上有过无数伟大的球星，摩西·马龙、奥拉朱旺、乔丹……在这一个个显赫的名字背后都有着各自光辉的经历。而在这些伟大的球星中间，有一个非常奇特的人，他的名字叫做蒂尼·博格斯。说他奇特是因为在巨人如林的 NBA 赛场上，博格斯却只有 1.60 米的身高，真可称得上是 NBA 里面的"侏儒"。然而，也就是这个"侏儒"，却就成了 NBA 历史上最伟大的一段传奇。

在很小的时候，博格斯就痴迷于篮球，他梦想着长大能够进入 NBA，和那些巨星们站在一个舞台上展示自己。为了能够实现自己的理想，博格斯总是寻找一切机会苦练球技。千锤百炼后，快速的反应能力，卓越的组织能力，精确的投球准度和严密的防守渐渐成为他取胜的绝招。

然而，身高却成了横亘在他前进道路上最大的障碍。当他自我推荐到 NBA 训练营时，接待他的人无不报以嘲笑的回答："你这样突出的身高，在我们的训练营里实在是太出众了，我怕别的球员看到你在场上会感到自卑的！"

面对嘲笑，博格斯也曾经迷惘，然而他最终选择了相信自己。尽管一次次遭遇嘲笑和否定，博格斯还是恳求对方能够给自己一个展示的机会。最终他的执着打动了华盛顿子弹队，子弹队在选秀中将其选下。虽然并没有给他多少机会，但他仍然通过为数不多的时间展示了自己的能力。最终他被交易到了黄蜂队，成了该对的主力后卫，并不止一次的被球迷选为黄蜂队最有价值的球员。而当他带领黄蜂队打出前所未有的好成绩时，报纸和媒体也改变了往日对他的轻视，盛赞其伟大的作用，甚至有人说夏洛特的成功就在于博格斯的"突出"的身高。

不过故事还没有结束，凭借出色的表现，博格斯不仅获得了媒体和球迷的认可，还被选入美国国家篮球队，参加了86年世界男子篮球锦标赛。在决赛中博克斯依靠出色的掌控比赛能力带领美国队在开局不利的情况下战胜了苏联队，小个子博格斯最终成了整个美国的英雄。

博格斯的成功固然因为他过人的球技，然而在他面对否定与嘲讽时的那份坚持和自信也是促使他成功所不可或缺的因素。试问，如果博格斯因为别人的否定就对自己产生怀疑，那么即使他能够进入 NBA，能否发挥出自己的实力恐怕还是个未知数。因此我们说，自信才是一个年轻人初入社会所能够立身的法宝。

当你跟着别人的否定而怀疑自己时，你也就走上了失败的道路。在这个世界上，每个人都是一道独特的风景线。正因为如此，所以你就更应该保持自己。在生活中，没有必要按照别人的眼光和标准来评判甚至约束自己。按别人的评价来前行，即便获得了成功那也是属于别人的。只有保持一个真正的自己，才能走出属于自己的道路。

【职场常识】

评价别人，这是很多人都固有的习惯，也是我们进入社会时不可避免要遇到的问题。面对别人的评价时，无论是肯定还是否定，我们都不必太放在心上，只要做好自己应该做的事就可以了，这一点无论对于为人处世还是成功立业都是非常重要的。

心里有再多的苦，也要在脸上挂着微笑

我们学会走路之前总要摔很多个跟斗，同样的，在我们初入社会后，在站稳脚跟之前同样要经历很多的挫折和失败。在遇到挫折和失败时，我们应该怎样去应对呢？正确的做法应该是乐观一点、坚强一些，即便是摔得再疼、跌得再狠也要保持用一张微笑的脸去面对生活。只有如此，才不失为一个大气的年轻人。

为何哭还要装作笑呢？这是因为事情已经发生，无论多么沮丧都无补于事，反而是一再沉浸于痛苦悲伤的情绪中无法自拔会让事情变得更糟。既然这样的话，那就不如改变一下心态，放宽心，乐观地去看待事情。如此才能尽快将自己从被消极的情绪中解脱出来，寻找事情的转机。

琼斯是这样的一个人，他聪明、乐观，有着令人羡慕的蓬勃朝气和帅气的外表。所有人都认为他的未来不可限量。然而，在他将要离开大学步入社会的那一年，悲剧发生了。在一次意外的火灾中，他为了救在旅馆中的他人而被烧伤了，全身60%以上的皮肤受到了破坏。虽然他及时接受了手术，但却彻底丧失了美好的面容，他的上臂还落下了终身的残疾。

面对受到如此打击的琼斯，家人和朋友都不知道该如何安慰他。然而令他们没有想到的是，琼斯却主动的来安慰他们。琼斯乐观点说："我还活着不是吗？我相信我还是能够掌握我自己的人生的！"

就这样，琼斯"站"了起来。他如期地参加了毕业典礼，并在毕业典礼上发表了演讲。琼斯说："我在遭遇不幸之前可以做1万件事，现在我只能做9000件。我可以把注意力放在我无法再做的1000件事上，或是把目光放在我还能做的9000件事上，告诉大家说我的人生曾遭受过重大的挫折。如果我能选择不把挫折拿来当成放弃努力的借口，或许你们可以用一个新的角度，来看待一些一直让你们裹足不前的经历。你可以退一步，想开一点，然后你就有机会说：'或许那也没什么大不了的！'"

听到这番话，再看看这个顽强的琼斯，在场的很多同学都流下了热泪。他们为琼斯的乐观而动容，为他的不屈所感动。

有句话叫做"你笑别人跟着你笑，你哭没人陪着你哭。"这句话说得很对，琼斯固然有理由沮丧，有理由怨天尤人，有理由哭泣，当琼斯哭泣时，无论是出于同情还是出于感动，他身边的人也一定会陪着他哭。然而，当一切归于平静，当时间把这场火灾变成遥远的回忆，那么对琼斯的同情也就会慢慢从人群里消失了。在人们眼中琼斯就会变成一个曾经遭遇过不幸的"废物"，琼斯的人生也就提前迎来"终点"了。

然而当琼斯选择乐观的面对这突如其来的灾难时，当琼斯微笑着"站起来"来时，情况就完全不同了，他身边的人不仅会因为他乐观而感动，还会在心里为他树立起一杆坚强的旗帜。更关键的是，因为选择坚强，琼斯会重新实现自己的价值，成为人们学习和仰慕的英雄，成为成功的典范。

没有谁喜欢和软弱的人站在一起，即便你是因为遭遇不幸才变得软弱的。但一个软弱的、整天哭丧个脸人不会受到欢迎和认可这是不争的事实。只有变得坚强起来，用微笑去面对别人，才能够获得社会的认可。而且要知道，在遭遇挫折之后仍能保持微笑，这是更加难能可贵的。

所以，我们要说，对于一个年轻人，即便是遇到的挫折再大、心里再苦，也不能将悲观的情绪挂在脸上，表现在行动上。这不仅是一个锻炼意志的问题，也是一个为人处世所必须懂得的道理。

一个窑工辛辛苦苦烧出了一批罐子，却发现其中一个上面有裂痕，于是便想把它扔掉，可是又心疼自己的辛苦，不甘心就这么扔了，于是就将其放在院子里，心想说不定以后还能派上什么用场。

过了一段时间，窑工在阳台上养了很多盆花，其中有一盆花长得特别艳丽。窑工感到很奇怪，仔细一看这盆花的花盆居然正是那只有裂缝的瓦罐。原来是妻子发现栽花的花盆不够，就从院子里拿来了这个瓦罐。因为瓦罐有裂痕，花盆里的雨水一旦多了，水就会顺着裂缝自动地渗透出来，使花盆不致积水，花也就有了一个良好的生长环境，所以长出来的花也就比其他的更娇美了。

对于很多年轻人来说，受了挫折、心里有了阴影就像是瓦罐有了裂痕。虽然一事不行但还可以在另一事上"一展身手"，是完全没有必要陷入深深的沮丧中的。沮丧是一个人没用的表现，而微笑着面对挫折，勇敢的站起来，才是一个真正的强者。

有一个人，他从小就领略了人生的各种悲剧：两个哥哥和一个姐姐，在他年轻时相继死去；他的 4 个孩子，在他还活在人世的时候，一个个先他而去。

虽然饱尝了生活的苦楚，可他仍旧坚信如果自己以欢笑为止痛剂来减轻失败的苦痛，自己也能得到乐趣。就这样，这个人练就了一身乐观面对坎坷的本领。在此后的生活中，无论遇到多大的挫折他始终能够泰然处之。无论是多大的挫折，只要一个玩笑、一张笑脸就驱散笼罩在自己心头的阴霾，乐观的心态让他能够及时的将心思从糟糕的境遇上面拉回来；而幽默又坚强的性格也使得他无论走到哪里都成为人们追捧的对象，广受人们的欢迎。这个人就是美国著名作家马克·吐温。

强颜欢笑固然不必，但没完没了的哭泣却更是让人心烦。作为一个年轻人就应该学会控制自己的情绪。苦难已经过去就不要再因为沮丧而再次成为苦难的"奴隶"，只有微笑着向前看，才能发现光明的未来。

【职场常识】

哭泣能够换来同情，但却换不来尊敬。同情带不来人脉，他人的尊敬却能够让你的人生变得顺畅。所以当苦难降临时，其实也是一个检验自我够不够格做一个成功者的时候。只有保持微笑将痛苦忘掉，重新振作起来，才能够赢得他人的尊敬，实现自己的超越。

如果你想站着什么都不做，那你必须站得很高

我们似乎可以这样说，没有多少人是天生的工作狂。如果不工作还能吃喝玩乐，相信没有谁会整天把自己埋进工作堆里。什么也不干还能吃喝玩乐，这种事自然没有。然而，无论在公司里、单位里，如果你能够站在很高的位置倒确实能够将自己从繁琐的工作中解脱出来，有一些空闲的时间和精力可以自由支配。

自由与悠闲的诱惑力，对于年轻人来说更是强烈。要知道，我们中国的大学都是相对轻松的，在轻松环境下呆了很长时间的人，一进入社会都很难适应生活和工作中的快节奏。所以，许多人想要得到一个"什么都不做"的工作。这就导致了很多大学毕业生在刚刚进入社会的头两年频繁的跳槽换工作，原因就是他们不满意自己的待遇。

但是，如果仔细观察，我们就会发现这样一个现象，那就是跳槽越多的人反而待遇越差，很少有人真的能够找到令自己心仪的工作。这又是为何呢？原因只有一点，那就是清闲的工作和优厚的待遇并非没有，但却不是一夕之间能够得到的。你如果想要站着什么都不做，就必须先让自己站上高位。

有这样一则寓言：乌鸦站在树上，整天无所事事。兔子看见乌鸦，就问："我能像你一样，整天什么事都不用干吗？"乌鸦说："当然，有什么不可以呢？"于是，兔子在树下的空地上开始休息。忽然，一只狐狸出现了，它跳起来抓住兔子，把它吞了下去。在兔子临死的时候，它愤怒地抬头看着乌鸦，乌鸦明白兔子为何愤怒，便耸了耸肩解释道："我敢在这一动不动是因为我站得高，狐狸爬不上来；而你在地上一动不动，不就是等着狐狸来吃你吗？"

这则寓言很好地诠释了我们的这个观点。寓言中的狐狸可以被我们

抽象理解为很多东西，青春的流逝、同事的竞争等等。这些因素当中无论哪一点都逼着我们不断地努力工作。只要我们有一丝懈怠，他们就会毫不留情地给我们致命一击，让我们成为失败者。而想要逃出这个竞争激烈的圈子而置身事外，就要站得足够高，否则的话就只能成为慵懒的牺牲品，为自己的懒散埋单。

从前，有一个穷人，整天无所事事的。他想："据说天堂的人们整天都什么也不干，闲极无聊，我要去看看他们在做些什么。"于是，他便去寻找去往天堂的道路。

这人走着走着看到一辆车子陷进泥坑，便问站在车旁的人，说："车上装的都是些什么呀？你怎么就不会少装点呢？""这车上装得都是良好的愿望，你还认为多吗？"赶车人回答说。

这人说："既然是良好的愿望，当然是越多越好。不过，现在车陷在坑里，愿望能实现吗？""总会有办法的！"赶车人说。

很快，就来了两匹马。那人将马套在车前，但还是不能把车子拖出来。后来，又来了两匹，但是那人竟把马套在车子后面。

这人看着这种情形，实在觉得是忍无可忍，就生气地说："我只见过把马套在前面才能拉车的。你这样干有什么用？真是愚蠢！"但是那人根本不答话，而是抓住他的脖子，将他推倒在一旁。这时这人吃惊地发现，那四匹马已经扇动翅膀，将车子带到空中了。

猛然间这人醒了，原来那只是他的一个梦。梦醒来，这人想到："天堂和人间确实有许多不同。有些事当然可以谅解，人间的马用四条腿跑，而天堂的马却长着翅膀，当然可以套在后面了。原以为天堂的人整天是无所事事的，原来他们的愿望那么多啊！"

想到这里，他庆幸自己没有死，还有资格批评人间的荒谬。于是，他又重新回到老地方做起活儿了。此时他终于明白了，自己之所以穷就是因为自己只知道马拉车永远都要站在前面，却不知道天堂的马是有翅膀的。

欣慰的是，最终这个穷人还是醒悟了，然而我们需要反思的是，自己是否还纠结在寻找"天堂"的泥潭中而不能自拔呢？其实"天堂"也绝非不存在，但前往天堂的道路却十分艰难，只有通过自己一步步努力才能够走完。

拿破仑·希尔曾经聘用了一位年轻的小姐来替他拆阅、分类及回复大部分私人信件。在介绍工作时说好了这位小姐的工作是记录拿破仑·希尔口述的内容，她所得到的薪水和其他从事该工作的人一样多。有一天，拿破仑·希尔口述了下面这句格言，并要求她用打字机把它打下来——"记住：你唯一的限制就是你自己脑海中所设立的那个限制。"

当她把打好的纸交给拿破仑·希尔时说："你的格言使我获得了一个想法，对你我都很有价值。"这件事并未在拿破仑·希尔脑中留下特别深刻的印象，但从那天起，拿破仑·希尔可以看得出来，这句格言给助手留下了极为深刻的印象。每当用过晚饭后，她都会回到办公室做一些份外工作。

她想方设法研究拿破仑·希尔的写信风格，久而久之，她的回信水平已与拿破仑·希尔相差不多，有时甚至比拿破仑·希尔做得还要出色。在任职过程中，她一直保持着这个习惯，直到拿破仑·希尔的私人秘书辞职为止。当拿破仑·希尔开始找人来替补秘书的空缺时，所以很多人都上门自荐，因为拿破仑·希尔的私人秘书工作轻松且报酬优厚。然而拿破仑·希尔最终却将这个职位给了这位小姐，原因就是她以往的努力工作。

实际上我们可以看出，在拿破仑·希尔还未正式给她这项职位之前，这个小姐已经主动地接受了这个职位。所以我们说她之所以能巩成功地获得这样一个好职位，就是归功于她长时间的主动承担分外工作。

拿破仑·希尔的秘书谁都愿意当，但试问如果没有之前的努力，那么你又靠什么赢得希尔的特殊青睐呢？要想什么都不做，你就要爬到高位，而要想爬到高位，就要从眼前的事情做起，这就是希尔的秘书给我们的启示。

【职场常识】

所谓"君欲取之，必先予之"，俗话说"吃得苦中苦，方为人上人"。人上人固然清闲，但也要有苦中苦作为基础。不通过扎实的努力就想要一步登天，这种事情只能发生在穷人的梦里。

第二章　想要依赖别人？靠自己才最实在

51

能够得到自己想要的，被人"利用"也没什么

　　每当有一个年轻人要步入社会，我们都会在他的身边听到这样的"教导"："以后在社会上混要多长个心眼，别一不小心成了被人利用的工具！"这句话每每被长辈当做赠言必有其道理，然而，对于一个年轻人来说，被人利用也并非是完全不可接受的事情。

　　当然，如果被利用去做坏事，成为别人火中取栗的"猫"那是绝对要避免的，但如果不是这种情况，那么被别人利用一下也未见得就是坏事。甚至有种说法，对于初入社会的年轻人来讲，不要怕被人利用，而是应该怕你没有被利用的价值。

　　我们生活在一个频繁互动的社会，我们要想得到什么，就先要失去些什么，对于年轻人来说更是如此。然而，有很多年轻人看不明白这一点，恐怕自己一不小心成了别人的工具，这就是一种错误的观点。试问如果你不给人干活谁会给你工资呢？那么给别人干活就不是被别人利用吗？由此我们可见，如果能够得到自己想要的东西，被人利用其实也没有什么不可以的。

　　我们很多人都知道努尔哈赤十三副铠甲起兵的故事，仅仅十三副铠甲就为后世子孙创下大片基业，努尔哈赤可谓一代枭雄。然而，很少有人知道，实际上努尔哈赤之所以能够先后击败黑山女真和野人女真，进而统一满洲以至于威胁大明，并不是仅仅依靠自己弱小的实力，在他的背后有一个强力的支援，这个支援的名字叫做——李成梁，时为大明朝辽东总兵。

　　努尔哈赤的父亲和外祖父都是李成梁的好朋友，但又为李成梁所害。可能是因为对努尔哈赤的愧疚，李成梁对努尔哈赤非常优待，而努尔哈赤也正是利用这一点，不断像李成梁寻求军事援助，要钱、要粮甚至要

兵。而他也正是靠着李成梁提供的这些援助，最终战胜了另外两个强大的对手。

但是，李成梁就不知道努尔哈赤在利用自己吗？他知道！但他心甘情愿为其利用。这不是因为他对努尔哈赤自觉愧疚，要知道李成梁可是个杀人不眨眼的军头，努尔哈赤只是"蛮族"一个小酋长，愧疚可以让他为努尔哈赤提供一定的钱粮，却不足以让他帮努尔哈赤统一满洲。李成梁之所以甘心情愿的为努尔哈赤利用，是因为他看到通过努尔哈赤能够实现自己的目的，那就是稳定辽东边界，进而威慑蒙古残余力量，确保大明东北和自己的安全。而最终，他也实现了自己的目的，在努尔哈赤和其他敌对势力打得难解难分之时，大明东北边界近十年无战事，兵营马放南山，百姓安居乐业，一副太平景象。

从李成梁的例子中我们能够看出，其实所谓的利用与被利用更应该被我们看做是一笔交易——我被你利用，但同时也能够得到我想要的。这就如同我们今天很多明星争着做重大慈善机构的代言人或者免费做公益广告一样，虽然对方利用了自己的名气，但同时自己也达到了宣传的目的，还因为从事公益事业而为自己树立了良好的形象。这样的被利用，实际上是一个对自己有利的选择。

犹太人说：每个人都有其的价值，当自己无法发现时，不妨就让别人来帮着发掘。犹太人的这句话可谓为人处世中的至理名言。只有你的价值越大，你才有更有可能去实现自己的目标。而如何让自己的价值变大呢？那就是要勇于被人利用。

因此我们要说，对于一个年轻人来说，不但不要排斥被利用，相反还要懂得创造被别人利用的机会。被人利用的机会多了，你得到的相应回报也会因此变多的。

【职场常识】

我们为何要处世，是为了让自己的生活更加便利，让自己的前路更加顺畅。但如果你只想利用别人来帮助自己而不想为别人所利用，那恐怕你一辈子也不会找到处世的捷径。因此说被利用不是坏事，如果能够得到自己想要的，被利用也无妨。

第三章

改变不了命运，忍耐一下又何妨

慢一点别担心，到达目的地才是根本

俗话讲"欲速则不达。"对于朝气蓬勃的年轻人而言，让他们耐下性子来等待恐怕是最困难的事情了，然而这也是他们进入社会中所要学习的重要一课。

饭要一口一口吃，事要一件一件办。一气呵成自然是我们的追求，然而真实的情况却是没有什么成就能够在一夕之间完成。只有耐得住性子，熬得过时间的年轻人，才能够最终脱颖而出，蜕变成为成功者。

在日本有这样一个年轻人，他离开学校之后得到了为一家企业做推销的工作。为此他跑遍了所在城市的每个角落，但却收获寥寥。这时有位"好心"的同事提醒他道："你这样漫无目的的推销也没有效果啊！不如去那些有钱人的家里，这样只要能说服一家，基本上就够你赚的了！"

按照同事的指点下，年轻人来到了一个富翁的门前。他不知道同事其实是在耍他，因为这富翁虽然有钱，却十分小气，公司的很多员工都和他打过交道，最终却都不欢而散，同事之所以给年轻人指点，只不过是想看他的笑话。

对于同事的阴谋，年轻人自然没有任何察觉，他像是拜访一个普通的客户一样走进了富翁的家门。然而不知年轻人走了什么好运，富翁今天的心情倒是不错，他没有直接赶年轻人出门，而是和他坐着攀谈了起来。"当我还年轻的时候……"富翁突然开始滔滔不绝地说起他如何从一介平民奋斗成为大富翁的经历。

富翁的客房是日本榻榻米式格局，富翁正襟危坐，年轻人自然也不敢直膝或盘腿而坐，但是这样的姿势保持的时间越长，对于身体来说就越不舒服，就更不要说年轻人心里还十分焦急了。刚开始年轻人还能频频点头注意地听富翁讲些什么，慢慢的他的身体开始变得酸疼起来，富翁的话也就完全变成了耳边清风。

两个人聊了半天还没有进入正题，年轻人真想告辞离开，但又觉得那样做太没礼貌了，于是只好忍耐着陪着笑脸听富翁滔滔不绝的废话。半个小时后，年轻人的脚就已经麻痹了，又过了一个钟头，年轻人大腿已经近乎没有知觉了，他汗流浃背但仍然没有转身离开。

就这样，两个小时过去了。"今天就到此为止吧！"富翁说完就站起来，这时年轻人长出了一口气，也打算站起来，但却不料因为下半身整个麻痹，一不留神"砰"的一声跌得四脚朝天。

大概是发出相当大的碰撞声吧，女佣吓了一大跳，赶忙跑过来说："发生了什么事？"富翁看见他这个大男人竟然跌地不起，说："真是个没用的东西！"嘴上虽然这么说，但心里却非常的温暖，因为很久都没有人肯听自己讲这么长时间的话了。"这年轻人真是不错。"富翁心里想着。

在年轻人临出门的时候，富翁邀请年轻人第二天到自己的办公室再进行一次长谈。年轻人虽然不太愿意，但看着富翁期待的眼神也不好推脱，就答应了他。第二天，当年轻人忐忑的来到富翁的办公室之后，富翁却并没有像昨天一样说个没完，而是直接给了年轻人一个大笔的订单。就这样，年轻人因为耐心获得了很多老业务员都没能啃下的"硬骨头"。

龟兔赛跑的故事我们都耳熟能详，乌龟为什么能够战胜兔子？是因为它跑得比兔子快吗？当然不是，是因为它有足够的耐性。而这个日本年轻人能够获得最后的成功，也是由于这个道理。而这些故事也给了我们一个启发，那就是无论做什么事，都不能着急，按部就班的一步步朝前走，这样才好最终到达终点。

然而不幸的是，在我们身边能够这样看问题的年轻人却越来越少了。现在的社会上，无论什么都讲究速成。十几天学会一门外语、半年掌握推销全部技巧、三十岁之前成为百万富翁，类似这样的豪言壮语在我们身边越来越多，但真正做到的却寥寥无几。很多人在这样的速成面前变得越来越浮躁，越来越焦急，而最终也迷失了自己。十几天过去一个单词也没背下来，半年下来一笔订单也没做成，三十岁到头还是孑然一身一无所成。

隋炀帝是我国历史上有名的暴君，然而很少有人意识到，隋炀帝虽然暴虐但并不昏庸，他所做的很多事都是功在当代、利在千秋的伟业，比如开凿京杭大运河、东征高丽等，但为什么隋朝最终还会毁在他的手上呢？原因就在于他过于急功近利，太追求速成了。

再好的补药，也不能一次吃，再大的丰功伟业，也不是一天能够完成的。然而隋炀帝却没有看到这一点，为了实现自己的宏伟蓝图，他不停地压迫臣民、搜罗财富，终于不堪重负的人民选择了反抗，而隋朝也在人民的反抗中走向了灭亡。

无论做任何事都是个时间积累的过程，其实只要耐心一点，把那些事分开来做，一点点的进行，隋炀帝肯定不至于落得如此的下场。

相同的，我们现在的年轻人也应该明白这个道理，只要排斥掉心里那些不现实的速成念头，我们是能够有所作为的。十几天固然学不会一门外语，但却能够记住几百个单词，这样的十几天再多一些，这门语言你也就掌握了；三十岁成为百万富翁并不现实，但你却可以用三十岁之前的岁月为自己的事业打下基础，当基础打好了，百万富翁离你也就不远了。所以，无论什么成就，终归是一个耐心的问题。没耐心，哪怕你的初速度再快，也不过是个三分钟热度；有耐心，即便慢一点，你也能最终达到目的地。

【职场常识】

人生就像一场马拉松，你用跑百米的速度出发，那你最多也就只能跑出去一百米。最终能否取的好成绩不是看你开始的速度有多快，而是看你能够坚持多久。耐心，这才是年轻人战胜社会的法宝。

冤家宜解不宜结，让耐性化解冲突

年轻人不善于忍耐，这还导致了另外一个问题，那就是在初入社会的时候容易和人产生矛盾。一句口角上的争锋，一件小事上的对峙，这都可能使得矛盾升级成仇恨。

俗话说"多个冤家多堵墙"，行走在社会上，多树敌总不是好事。其实换个角度考虑，树敌这种事很多时候都是可以避免的，凡事多让着对方一点，少一点正面交锋就可以做到了。而如何做到这一点呢？关键还在于要有忍耐之心。

在读《红楼梦》的时候，很多人都会为林黛玉动情动容，然而当这样一个人出现在我们身边，尤其是以陌生人的身份出现在我们身边时，恐怕就没多少人会喜欢了。相反，作为"配角"的薛宝钗却得到了很多读者的青睐。这又是为何？

都是初到大观园，但林妹妹和薛妹妹的表现却完全不一样。熟悉《红楼梦》的读者可能还记得这样一个片段：林黛玉与贾宝玉正说话，史湘云走来，笑道："二哥哥，林姐姐，你们天天一处玩，我来了也不理我一理。"黛玉笑道："偏是咬舌子爱说话，连个'二'哥哥也叫不出来，只是'爱'哥哥，'爱'哥哥的。回来赶围棋儿，又该你闹'幺爱三四五'了。"

宝玉笑道："你学惯了她，明儿连你还咬起来呢。"史湘云道："她再不放入一点儿，专挑人的不好。你自己便比世人好，也犯不着见一个打趣一个。指出一个人来，你敢挑她，我就服你。"黛玉忙问是谁，湘云回答道："你敢挑宝姐姐的短处，就算你是好的。我算不如你，她怎么不及你呢。"黛玉听了，冷笑道："我当是谁，原来是她，我哪里敢挑她呢！"宝玉不等说完，忙用话岔开。

看了这段，相信大家就知道原因了，林妹妹如此的涵养可实在是够差了。我们不妨试着想一想，如果不是貌若天仙的林黛玉而是我们公司里新来的一个普通同事，那他在公司未来的人际交往就可想而知了。

相反，薛宝钗却表现得大度多了，无论对谁她都表现得非常有耐心，从不跟对方"争风吃醋"，凡事总能让着对方，也因此她才能够获得大观园上下一致的认可，成了未来少奶奶的不二人选。

人际交往的道理就是如此，第一感觉固然重要，但是如果没有耐性，渐渐把不好的一面暴露出来，动辄因为一件小事与对方撕破脸皮，这样的人是不可能获得多好的人缘的。因此我们说，年轻人应该有一点容人之量，对人有些耐心，不要因为控制不住自己的情绪而让急躁且暴戾充斥自己的内心。

一个有耐心的人，必定是一个处世得体，待人亲切的人，因为他能够容忍对方的错误，能够化解彼此之间的矛盾，即使是仇恨也能够让彼此得到谅解。试问一个这样的年轻人怎么能够不受人欢迎呢？

弗里德曼是底特律最著名的一位汽车设计工程师。他高超的技艺、独特的创造力和大度且有耐心的处世风格都让他成了这座城市里受欢迎的人，就连很多有竞争关系的同行都对他赞不绝口。

弗里德曼本是麻省理工学院的毕业生，大学毕业后他又转去世界汽车制造业的技术中心——德国斯图加特学习了四年。四年之后，他带着一身的本领和一张文凭回到了美国，来到了现在所在的公司应聘。令他没有想到的是，公司老板罗德维尔是一个固执且有些自大的人，他不相信那些学院里培养出来的人才，认为这些人只会空谈而毫无实际工作能力。

当着弗里德曼的面，罗德维尔毫不客气地讽刺道："说真的，我并不认为你能够胜任我们公司里哪怕最简单的工作，你那些在教室里积累的经验在我看来就是一堆大粪，我想你的脑子里一定装满了一大堆傻子一样的理论，因此我不打算聘用你。我还告诉你，美国的汽车行业并不适合你这样的人，你最终还得回你德国的教室里面去。"

听了罗德维尔的讽刺，弗里德曼并没有生气，反而微笑着说对他说道："如果你不告诉我的父亲，我将告诉你一句实话。"罗德维尔表示他可以守约，于是弗里德曼便说道："其实，在德国我一点学问也没有学到，我尽顾着工作，多挣点钱，多积累点实际经验了。"

罗德维尔听完弗里德曼的话想了想，明白对方其实是在解释给自己听，于是立即哈哈大笑说："好！我不知道你到底有没有能力，但你这个态度我很喜欢。这样吧，我给你一个机会，如果你能够把我交给你这项工作做好，那我就录用你！"

结果如何呢？弗里德曼自然完美地完成了工作，不仅让罗德维尔刮目相看，还获得了罗德维尔的友谊。

我想问一个问题，我们的读者中有几个能够像弗里德曼这样去做呢？面对讽刺和否定，有谁能够耐下性子让对方把话说完，然后再心平气和地解释给自己听呢？这需要多么大的耐性才能办到啊？然而我们却又不得不承认，这耐性也正是弗里德曼获得机会的关键。弗里德曼用实际行动给了我们这样的启示：年轻人没有焦躁的资本，耐性是你迅速适应社会最好的也是唯一的选择。

那么，我们应该如何让我们变得有耐性呢？尤其是在对方已经造成冲突的时候。我认为应该有以下几个方面需要注意：

首先，容许对方先"说话"。我们讲的"说话"不仅仅是发表自己的观点，而是指要有容让对方的耐性，让对方先把情绪发泄完，然后再想办法回应对方。

其次，无论如何不要带有情绪。在回应对方时一定要讲道理，让对方领会你的意图或观点，不要把恶劣情绪带入到回应中，否则回应就变成了争吵。

最后，要时刻展现出宽容一面。如果最终的问题在对方，你也不要表现得太过激动。尽量容忍对方，而且要尽量表现出人情味，让对方感受到你的耐性，这才是最重要的。

【职场常识】

很多时候，矛盾的产生都是由于没有耐性，这也就是年轻人比较容易产生冲突而老人则相对谦和的缘故。然而冤家宜解不宜结，年轻人更应该注意保持良好的人际关系，而这也就需要你表现出非凡的耐性来。

兜个圈子，不耽误你的成功

去过西南地区，尤其是云贵两省的读者应该对一个现象印象深刻，那就是无论汽车还是火车，都要行走在蜿蜒曲折的盘山路上。盘山路，顾名思义就是盘绕着山势修筑的道路。道路一会儿上山一会儿下山，像一条巨蟒一样在群山间穿梭。

如果读者有晕车的毛病，那么肯定会对于盘山路不胜其烦，在忽上忽下的车中难受无以复加时。相信很多人都会有这样的想法"为什么一定要这样修路呢？又让人头晕眼花，又兜圈子使路程加长，就不能直接从山脚修到山顶，从这山修到那山吗？"

为什么一定要修兜圈子的盘山路呢？答案很简单，如果直接从山顶到山脚，从这山到那山，虽然路程缩短了，道路变直了，但却加大了道路的坡度，使得危险系数大幅度增加。而且，由于山区特有的地质结构，修路本来就是一件很艰难的事情，如果再不因势利导而直接裁弯取直，那就很难避免出现滑坡、塌方等问题。因此，修兜圈子的盘山路就成了最好的选择。这样做虽然兜了圈子，增加了工程量，但却最终修成了安全的道路。

我为什么要讲盘山路这件事呢？其实我是想借此说明一个问题，对于朝气蓬勃的年轻人来说，耐性是他们所缺乏的，无论做任何事他们都梦想着能够一蹴而就。然而，事情却并不如他们想象的那样，一蹴而就带来的结果很可能是一败涂地。这样一来，与其冒很大风险进行不知结果的"冲锋"，不如试着兜个圈子。虽然没有了一蹴而就的快感，但最终却能够把事情办成，何乐而不为呢？

在西方有这样一则寓言：

人人都想进入天堂，通往天堂的道路一共有两条，其中的一条是笔直的小路，虽然笔直，但却十分狭窄陡峭；另一条比第一条则要稍微宽一点，但要兜很大的圈子才能到达。

对于这两条路，几乎所有的人都选择前一条，毕竟这一条能够带他们更早地到达天堂。然而，越来越多的路人使得这条路十分拥挤，再加上本来就十分陡峭，就让人们进入天堂的旅程变得十分艰难。很多人都因此抱怨说："万能的上帝啊，我们十分想去天堂见您，但是去天堂的道路走得实在是太艰难了！"

"你们走的是哪一条道路呢？"上帝的语音回荡在空中，语气里充满了慈爱。

"为了节省时间，我们选择的是直路。"信徒们如实地回答。

"其实，你们是可以试试走弯路的。"上帝说。

但是信徒们觉得走弯路要见到上帝更困难了，因为他们从弯路来觐见完上帝后，又从弯路返回。

这时上帝说道："怪不得你们总是感到觐见我难，原来你们走的方法错了。我指引你们首先应该从弯路来觐见我，是为了磨炼你们的意志；然后你们从我这里取得真经后，你们应该从直路返回，享受你们悟道求经的快乐。可是你们却背道而驰，你们见到了我，却依然迷惘不悟，依然在走弯路。你们来也弯路，去也弯路，必然使这条路拥挤不堪，你们自己阻塞了自己的道路，所以你们总是感到觐见我的路很艰难。其实你们如果善于走路，你们便会感觉到，我开辟引领你们的道路永远是畅通无阻、美妙无穷的，你们便会享受到至高无上的愉快与欢乐。"

人生的道理就是如此，其实去天堂的旅程就代指我们为成功奋斗的历程。想要获得成功，就要学会变通，学会走弯路。行走在弯路上，固然会让我们的路程变得漫长，但却能够因此使得它更加顺畅，而且告别了直路的拥挤与紧张，弯路上的行走能够让我们的旅程更加惬意和放松，何乐而不为呢？

而且，在很多时候你会发现，自己在直路上艰难行进了半天却发现前面立着一个"此路不通"的牌子，这时弯路反而成了你唯一的选择。

近代著名的军阀张作霖能够从一个土匪一跃而成为统御一方的"朝廷命官"，靠的就是"走弯路兜圈子"的智谋。

无论哪朝哪代，土匪最期盼的事情就只有一件，那就是被招安而成为官军，张作霖也不例外。但是招安由政府说了算，主动权掌握在政府手里，没有听说过土匪主动去寻求招安的。正在一筹莫展之际，张作霖灵机一动，妙计涌上心头。

原来，张作霖从一个手下汤二虎处得知，奉天将军曾祺的姨太太要从关内返回奉天。于是张作霖就吩咐汤二虎，如此如此行事。

汤二虎奉张作霖之命在新立屯设下埋伏，当曾祺的姨太太走到新立屯时，被汤二虎一声呐喊阻截下来，随后把他们押到新立屯的一个大院里。

曾祺的姨太太和贴身侍者被安置在一座大房子里，四周站满了持枪的土匪，这时，张作霖已经接到报告，便飞马来到大院。他故意提高声音问汤二虎："哪里弄来的马？"

汤二虎也提高声音说："这是弟兄们在御路上做的一笔买卖，听说是曾祺将军大人的家眷，刚押回来。"

张作霖假装愤怒说："混账东西！我早就跟你们说过，咱们在这里是保境安民，不要随便拦行人，我们也是万不得已才走绿林这条黑道的。今后如有为国效力的机会，我们还得求曾大人照应！你们今天却做这样的蠢事，将来怎向曾祺大人交待？你们今晚要好好款待他们，明天一早送他们回奉天。"

在屋里的曾祺姨太太把事情听得清清楚楚，当即传话要与张作霖面谈。张作霖立即先派人给曾祺姨太太送来最好的鸦片，然后入内跪地参拜姨太太。

姨太太很感激地对张作霖说："听罢刚才你的一番话，将来必有作为。今天只要你保证我平安到达奉天，我一定向将军保荐你这一部分力量为奉天地方效劳。"张作霖听后故作惊喜，长跪不起答谢姨太太。

次日清晨，张作霖侍候曾祺的姨太太吃好早点，然后亲自带领弟兄们护送姨太太归奉天。姨太太回到奉天后，便把途中遇险和张作霖愿为朝廷效力的事向曾祺将军讲了一遍。曾祺听后十分高兴，立即奏请朝廷，把张作霖的部众收编为巡防营，张作霖兜个圈子，假借曾祺的姨太太，实现了被招安的梦想。

没有谁喜欢兜圈子，然而当直截了当不能成事的时候，兜圈子便成了我们更好的选择。要记得我们无论是抄直道还是兜圈子，最终的目的都是把事情办成。只要记住了这一点，那兜圈子的行为就不能说不明智了。

【职场常识】

无论黑猫白猫，能抓住老鼠就是好猫。无论是兜圈子还是抄近道，能达到终点就是好路。年轻人做事要学会变通，变通中也应该具备耐性，耐性再加上年轻人特有的朝气，就是年轻人无往而不利的"法宝"。

逞一时口舌之快，吃亏的还是自己

嘴上争锋，这是很多年轻人都难以避免的毛病。年轻人心气比较盛，又很难做好对情绪的控制，因此总是"嘴上没有把门的"，想什么就说什么，这就难免导致有言语伤人的情况出现。尤其是当遇到有问题要争执的时候，为了驳倒对方而言语张扬，逞一时口舌之快的事情就在所难免。

俗话说"打人不打脸，骂人不揭短"，当你把伤人的话说出口，虽然能够给对方以"沉重打击"，但却也因此在彼此关系之间埋下了裂痕。而一个跟别人之间感情总有裂痕的年轻人，是不可能有一个好的前途的。因此我们说，对于年轻人来说逞一时口舌之快是非常不可取的。虽然一时心情舒畅，但最终吃亏的肯定还是自己。

无论是关于心理调整还是交往技巧，卡耐基都可以说是专家，然而他关于这些方面的知识也并不是与生俱来的，很多东西都是在亲身经历中总结出来的。对于不逞口舌之快，卡耐基就有这样一个切实的感受。

那是在卡耐基刚刚走出校门的时候，他担任一位好朋友的父亲罗斯福先生的经纪人。一天晚上，卡耐基参加了一次为推崇罗斯福而举行的宴会。宴席中，坐在卡耐基旁边的一位先生讲了一段幽默故事，并引用了一个成语，意思是"谋事在人，成事在天"。

那位先生在讲完这个故事后解释说，他所引征的这句话出自《圣经》，但是卡耐基却又不同的看法，他清楚的记得这句话是出自《哈姆雷特》，莎士比亚经典的剧目。为此，卡耐基多事的站起来纠正了对方，对方则立即对他予以了回击，"什么？出自《莎士比亚》？不可能，绝对不可能，那句话出自《圣经》。"

此时，卡耐基发现自己的朋友法兰克坐在旁边，他是个戏剧导演，肯定读过莎士比亚的，于是卡耐基便向他请教，让他来当裁判。法兰克听了卡耐基的问题之后，突然在桌下踢了卡耐基一下，然后对他说："戴尔，我想你错了，这位先生是对的，这句话的确是出自《圣经》。"

卡耐基听后惊讶得合不拢嘴，看着对方得意洋洋的表情，他当即就想站起来和法兰克理论。但法兰克不住地在旁边踢他的脚，卡耐基最终选择了忍耐。在宴会结束之后，卡耐基气哼哼地对法兰克说："我亲爱的法兰克，你的书都读到哪里去了？你明知道那句话是出自《哈姆雷特》的！"

"是的，当然！"法兰克回答道，"那句话是在《哈姆雷特》第五幕的第二场。可是亲爱的戴尔，我们是宴会上的客人，为什么要证明他错了呢？那样会使他喜欢你吗？为什么不给他留点面子呢？他并没有征询你的意见嘛，你不应该跟人家抬杠。这样的人没有人会喜欢，只会给自己四面树敌。"

法兰克的话让卡耐基陷入了沉思，许久，他意识到了自己的错误，即便法兰克证明自己是对的让对方败下阵来，那自己又得到了什么呢？除了可悲的虚荣心什么也没有，反而会让对方更加憎恨自己，这又何必呢？

从此以后，卡耐基慢慢改变了嘴上与人争锋的习惯，在与人交谈时变得更有耐性，总是少说多听不逞口舌之快，而这也让卡耐基在别人面前越来越受欢迎。人们都喜欢和他交谈，称赞他是一个"善解人意的戴尔"。

其实，对和错在某些场合并没有绝对的标准，没有必要非争个谁对谁错。让对方一句，只要不在原则范围之内，是没有什么的。这个道理在社会上待了很长时间的人应该都懂，那么年轻人为何不懂呢？其实是以自我为中心的心理在作怪。

年轻人总是以自我为中心，他们过分地相信自我的标准，因而在日常的人际交往中，只要对方的行为和言语让自己感觉到不舒服，就一定要上前争论。这样造成的人际交往障碍在年轻人中间比比皆是。那么，年轻人应该如何规避掉这种逞一时口舌之快的毛病呢？我认为应该从根本做起。根本是什么呢？就是耐性，有一个让自己的观点和对方的想法达到沟通和互换的耐性。所以我认为，在遇到与人争执的时候，年轻人应该有以下几点要特别注意：

第一，要先听对方把话说完。很多时候，年轻人在与人争论的时候连对方的观点都没有完全了解就忙于反驳，这无疑是非常荒谬而不适当的行为。

第二，自己说话之前先考虑对方会怎么想。年轻人总是不会为对方考虑，这并不是年轻人有多么自私，而是没有那个耐性。因此，在争论发生时，年轻人应该先耐着性子想想自己的话如果是别人说给自己听会怎样，自己是否会觉得受到了伤害，如果是的，那这话就不能说出口。

第三，如果非争执不可也要尽量婉转。有关于原则性的问题非争论不可时，年轻人也要耐着性子想想是否有婉转的方式可以达到目的。"仗义执言"虽然过瘾，但却伤人，如果拐个弯说话也能起到同样的效果，那又何必非要争个"你死我活"呢？

英国 19 世纪一位叫查士德·斐尔的爵士对他儿子说："如果可能的话，要比别人聪明，却不要告诉人家你比他聪明。"这句话可谓社交领域的至理名言，一个年轻人应该有睿智的头脑，但不必要时时地表现出来，尤其是在毫无意义的争论中表现出来。要知道言语得体又聪明能干的年轻人总是要比言如利剑却一无所长的年轻人受欢迎的。

【职场常识】

逞口舌之快，这是最愚蠢的行为，得到的只是一瞬间的快感，失去的都是永久的友谊，但凡是聪明的人都是不会在两者之间选择前者的。

把底牌攥在手中是最保险的

我一再强调初入社会的年轻人要学会忍耐。为何一定要忍耐呢？这就像我们在牌桌上打扑克，手里抓到的一把牌自然有大有小，出大牌最畅快，然而并不是说把大牌打光了牌局就结束了，你还要兼顾自己手中的小牌。这也就使得我们要考虑手中的大牌应该何时才能出，不能出的时候就只能忍耐了。

而对于一个会打牌的人来说，他有些大牌是绝对不会出的，一直留到关键时刻用以力挽狂澜一击制胜，我们把这些牌称为底牌。底牌一定是攥在手里才是最保险的，一个没有任何耐性的人会在一开始就把底牌扔出去，当底牌一经打出，那么他输的命运就几乎成定局了。

相信很多人都看过《赌神》这部电影，在电影中赌神高进的扮演者周润发的演技让我们惊叹，为最后一张牌等生死的镜头更是让很多人都为赌神捏了一把汗，而最终张宝成"关底现身"和仇笑痴得到惩罚的结局可谓是皆大欢喜。

赌神能够赢得最终的赌局靠的是什么呢？就是张宝成这一张"底牌"。在之前的牌局中，赌神一直在隐身，甚至为此故作慌乱，不惜放弃到手的胜利，而目的就是为了让张宝成能够在最终的搏杀中决定胜负，起到底牌应该有的作用。试问，如果赌神没有这张底牌，那故事的结尾可能就是另外一番景象了。而如果有底牌却过早的显露出现，那恐怕张宝成也早就被仇笑痴"干掉"了，那么赌神的胜负我们不可知晓了。

底牌之所以能够决定胜负，就是因为它的出其不意和突然一击，如果谁都能知道你有底牌，那这个底牌的意义也就不存在了。所以我们看到，能不能获得最终的胜利，底牌是关键；能不能把底牌牢牢地攥在手里，耐心是关键。

在很多时候，底牌不仅是我们取得成绩的关键，更是我们防身的护身符。有了底牌做保障，我们行走在社会上会更加安全。

猫和老虎的故事我们每个人都听过。猫是老虎的师父，在老虎学艺的过程中把自身所有的本事都教给了老虎。然而，老虎在学成之后所做的第一件事就是扑向了自己的师父。这时，猫一闪身爬到了一棵树上，原来它还留了一手。老虎在树下咬牙瞪眼但就是奈何不了猫，只好悻悻地离开了。

在这个故事里，爬树就是猫的底牌，而这个底牌也最终救了它一命。试想如果猫不会爬树，那恐怕就成了老虎的"盘中餐"了。对于猫的启示，我们每个年轻人都应该牢牢记住，不在万不得已的时候不要随意露出自己的底牌。不要因为一时技痒按捺不住表现自己的冲动而随意将底牌示人，否则等待你的很可能就是悲惨的下场。

二战中，苏联的一个年轻的少校被德国人俘虏了。然而不同于其他士兵的命运，德国人并没有杀掉这个少校，而是将他好生地看管了起来，一日三餐有肉有酒，监管人员对他的态度也十分客气。

少校自然明白自己为何能够有如此的"优待"，因为他是一个机械工程师，了解苏联一种装甲坦克的构造和弱点，而这种坦克正是德国步兵的噩梦，德国人想从他嘴中了解到应该用什么方法去对付这个坦克，将这个噩梦驱散。

然而少校明白，自己一旦把知道的秘密说出去等待他的就只能是被杀掉。这个秘密是自己保命的底牌，因此十分小心，任德国人威逼利诱就是不吐露半句。德国人看这些方法没办法，就做出了放弃的态势。他们没有拷打少校，也没有试图诱供，而是每天都把他带到一个课堂上去，而最终也就是在这个课堂上，少校露出了自己的底牌从而丧命。

原来这个课堂是德国的机械教授在教学生，机械原理是少校的本行，他自然也听得津津入味。然而不久他发现教授在讲课时总是出现这样那样的错误，作为行家的他自然难以抵挡露一手的欲望，好在自己总是点到为止，不会把秘密说出口。

可是少校想错了，德国人非常聪明，他们让教授露出的漏洞和那种坦克无关，但其中的机械原理却是相似的。这样两个月下来，德国人把少校所有在课堂上展现出来的知识经过筛选和组合，最终达到了自己的目的。

这个少校不可谓不聪明，但聪明反被聪明误，这一点对于年轻人来说是最危险的。无论多聪明、多有智慧都怕一点，那就是年轻气盛。年轻人争锋的劲头一起来，就什么都忘了，轻而易举把底牌露给对方，结果也就中了别人的圈套。

袒露之心犹如一封在众人面前摊开的信，而潜藏隐秘的城府无论巨大的还是微小的沟壑均可在其中沉淀深藏。是袒露底牌还是将其攥在手中，关键在于自我控制，能够保持缄默才能取得真正的胜利。明慎行事的关键在于内心的节制，拥有的底牌不要讲出来，讲出来的底牌不一定是真正拥有的，这才是一个能成大事的人的性格。

年轻人有一技傍身，这就像是有了底牌，然而有一技傍身固然重要，但也要有耐性，能耐再大的人如果没有耐性，那最多也就是个莽夫，是担不起大任的。

【职场常识】

如果你的社会地位让你无法为自己的行为穿上一层密不透风的神秘外衣，那么至少也应该学会不要那么清澈见底，还要不时露一手，其行为方式要出乎人们的意料。这么一来周围的人就会对你刮目相看，并开始关注你。

小事当忍，大事当断

在一个电影院里，精彩的电影正在上演，一个年轻人的视线完全被前面一位妇女的帽子挡住了。像是故意和他作对一样，年轻人向左边转头，妇女也转向左边，年轻人向右边转头，妇女也转向右边。年轻人没有办法小声对这位妇女说："麻烦您可不可以把帽子摘下来！"但是妇女连头也不回。"请您摘下帽子！"大学生气冲冲地重复了一遍，"为了这个位子，我破费了 15 个卢布，却什么也看不见！""为了这顶帽子，我破费了 115 个卢布，我就要让所有的人都看到它。"年轻的妇女说完，仍然一动也不动地坐着。

类似这样的事相信每个人在生活中都遇到过。当别人无礼的冒犯你时，你会如何去做呢？你固然可以果断地做出反击，但是否有更好的手段可以采用呢？我们就拿这个看电影的年轻人为例，如果他站起身来和妇女大吵大闹，那肯定会招致管理人员的驱逐，虽然回击了对方无礼的侮辱，但却丧失了看电影的机会。那么与其这样就不如暂时忍耐，好声好气地和这位妇女来商量，如果实在不行的话还可以求助于管理人员。虽然这样忍辱的做法显得有些"窝囊"，但却能够保证把电影看完。

因此我们明白一点，那就是在面对别人无礼的羞辱时，采取什么样的做法，是忍耐还是回击关键要看你的目的是什么。如果能够达到最后的目的，那么暂时忍耐一下也没什么不可以。初入社会的年轻人一定要明白，自己行走社会为的是实现自己的理想，而不是面子。不要为了一时的丢面子而勃然大怒，须知小不忍则乱大谋。只要能够成就自己，受点胯下之辱又怕什么呢？

对于忍耐，韩信忍住胯下之辱自然是我们最好的典范，将这个故事牢记在心中，在下一次面对侮辱时把它拿出来作为警示，不仅能够使我们暂时平息内心报复的冲动，还能激烈我们在忍辱之后更努力地去拼搏。

韩信年轻时有过很长一段穷困潦倒的日子，在这段日子里他没少遭到别人的侮辱。韩信身材高大，仪表堂堂，他总是随身佩带刀剑。要知道在古代佩剑可是一种荣誉的象征，因此作为一个穷小子的韩信去哪儿都带着一把剑就显得非常的突兀了，这自然找来很多人的刻意挑衅和侮辱。

这一天韩信路过闹事，正好遇到一群无赖。这群无赖拦住韩信，其中一个说："如果你有胆量不怕死，你就把我杀了；如果你怕死，就从我裤裆下钻下去，否则绝不和你干休。"韩信狠狠盯着他，手不自觉地紧握着剑柄，过了许久，他松开手，趴在地下，居然从那人胯下爬了过去，然后站起身来，若无其事地走开了。

受到如此的侮辱还不反击，韩信的丢脸可想而知，从此以后认识的人都看不起他了，都认为他是个懦夫。然而，只有韩信自己明白，给无赖一剑倒是容易，但自己一生的抱负可就要就此落空了。只有忍住这一时的侮辱，才能实现最终的大志。因此忍却胯下之辱虽然难但却是必须的，只要在日后能够成功立业，今天的耻辱总会洗刷掉的。而后的事情我们就不必说了，韩信追随刘邦建功立业，成了一代豪杰，值得一提的是，在名声大振之后韩信回到家乡，面对这个给他过侮辱的无赖非但没有报复还任命他当了大官。可见在韩信的内心，他更多的是将这次侮辱看做只对自己的磨炼。

所谓忍辱负重，只有忍得下侮辱，咽得下落牙才能够让你得到一时的喘息，进而去实现更大的理想，记住这一点对于初入社会年轻气盛的人来说是最重要的。

《涅槃经》上有个故事：昔有一人，赞佛为大福德，相闻者乃大怒，曰："生才七日，母便命终，何者为大福德？"相赞者曰："年志俱盛而不卒，暴打而不槃，骂亦不报，非大福德相乎？"怒者心服。

由此我们可以看到忍耐的另一个好处，那就是打动对方的内心。当两个人僵在一起的时候，一味的"顶牛"只能把事情弄得越来越糟，而如果你能够做出让步那么不但能够缓和双方的关系，还能够树立起自己大度的形象。

因此年轻人还要懂得一点，那就是面对侮辱的时候，忍耐、恭敬的作用有时要比反击还要大。

曾国藩是为人处世的典范，在忍辱这方面他所做的就值得我们借鉴。在当初平定太平天国时，曾国藩曾经和当时的江西巡抚沈葆桢有一场厘金官司。曾国藩手下的湘军有破敌的大功，曾国藩就想对兵将进行犒赏。犒赏的很大一部分来自于各省上交的厘金，但谁知江西巡抚沈葆桢不但将厘金全部截留，还将曾国藩告到朝廷，说他眼中只有湘军，只想笼络下属。

作为保境安民、拱卫江南的第一功臣，对方不领情也就罢了，还要倒打一耙，这事情发生在谁的身上估计都无法忍受，但没想到的是曾国藩忍住了，不仅对沈葆桢的侮辱照单全收，还主动向朝廷解释要取消其他省份的厘金。曾国藩这一举动大出人们的意料，然而却到达了一举多得的效果，一方面让江南百姓感恩戴德，另一方面让朝廷对其更加放心，而且还在天下人心中为自己树立了一个大公无私、忍辱负重的形象，曾圣人的名号不胫而走。

圣人尚且不可避免被侮辱，就更不要说我们普通人了。然而如何应对侮辱，就体现圣人和我们的差距了。我们固然做不成圣人，但如果能够学习圣人忍辱负重，那么做一个普通人中出类拔萃的成功者还是有可能的。

【职场常识】

跑马拉松的人不会为路人的一句辱骂就停止脚步，做大事的人也不应该因为一点侮辱就忘记了什么事是对自己更重要的。因此，如何面对侮辱，是忍耐还是报复？实际上就成了我们能否成为成功者的试金石。

人在屋檐下，有时不妨低低头

能屈能伸，这是对成功人士最基本的要求。行走在社会中，不可能总是坦途，当境况不佳的时候，果断地低下头，忍一时之意气，只有如此才能够保证你等到境遇转变，否极泰来的那一天。

俗话说"人在屋檐下，不得不低头"，当你所在的"屋子"逼得你不得不屈尊低头的时候，聪明的人都是会选择从权的。低头并不是屈服，而是睿智。试想如果你不低头的话，那等待你的结果就必然是碰得头破血流，甚至说不定因此丧失栖身之所。对于这一点，很多初入社会没吃过亏的年轻人都不以为然，这也就造成了他们总是不为环境所容纳，频繁的失败，进而陷入自怨自艾、怨天尤人的悲叹当中。

《西游记》里面有这样一个片段不知大家是否还记得：唐僧师徒一行四人来到了一个叫五庄观的地方。五庄观的观主镇元大仙见是高僧，于是便拿出了两个仙果招待唐僧，但唐僧因为此果长得酷似人形不敢入口，推辞不吃。唐僧不吃也就算了，却馋坏了一旁的八戒。结果讨果不成的八戒伙同悟空一起去果园盗果，光盗果也就罢了，还将整棵人参果树毁掉。宝树被毁，这可气坏了镇元大仙，于是他将唐僧锁了起来。如果不是悟空有通天彻地之能请来了观世音菩萨帮忙，师徒四人的取经之路恐怕就要断送在这五庄观了。

要说镇元大仙也并非全无过错，一则他不应该只给师父不给徒弟，这自然会引起悟空三人的不满；二来他也确实冤枉了悟空多吃一个人参果。然而，即便有千错万错，镇元大仙也是"地主"，悟空三人身在别人的地盘上还敢闹事，经历这一场劫难也就是在所难免的了。最后让事情得到解决的途径是低头认错，赔了人家的人参树。

像孙悟空这么大的能耐，在看人脸色行事的境遇下也得委曲求全，试问我们的年轻人有几个有他这样的通天彻地之能呢？既然没有，那么在境况不利于自己的时候，就更应该懂得低头隐忍了。

所谓的"屋檐"，说白了就是别人的势力范围。只要你人在这势力范围之中，并且靠这势力生存，那么你就在别人的屋檐下了。有的屋檐可能很高，任何人都能够抬头站着，但这种屋檐并不多。以人类容易排斥"非我族群"的性格来看，大部分的屋檐都是非常低的！

屋檐很低，这也就代表着当你进入别人的势力范围时，会受到很多有意无意的排斥和限制，不知从何而来的欺压，莫名其妙的指责和讥讽都可能时常发生。在这种情形之下你可以选择离开，但离开了屋檐也就离开了栖身之所，之后必定是前路艰难，祸福难料；你也可以选择留下，以低调的站姿慢慢融入这个集体，逐渐得到"屋檐"的认可和接纳。

对于这两个选择，大多数年轻人会选择前者，毕竟年少轻狂嘛，有几个人能够受得了别人的窝囊气呢？但同时，大多数年轻人并没有选择前者的资本，因为受制于自身的经历、实力，年轻人在离开屋檐之后很少能够独立闯出一片天来，大多数的情况不是在外面绕了一圈又回到屋檐下，就是转投别的屋檐，但却发现这个屋檐比之前一个还要低。

在这种情况下，有些聪明的年轻人则会选择忍耐，尽量保持最舒服的姿势去适应屋檐的矮，并不断地学习经验，积蓄力量，直到最终能够独当一面时再另立门户；或者干脆在适应屋檐的同时抓住机会改变它，让它最终变成由自己掌控的地盘。

在隋末唐初的乱世中，几乎所有人的目光都被盖世英雄李世民吸引过去了，然而大家不要忘了，真正推翻隋朝建立大唐的是李世民的父亲李渊。虽然在历史和演绎中李渊不如儿子有"腕儿"，但能够成就一番霸业，李渊也绝非等闲之辈。从前朝王公大臣到当朝开国皇帝，李渊有很多素质是值得称道的，其中一点就是他隐忍低头的功夫。

李渊是隋炀帝杨广的表哥，然而炀帝对这位表哥却并不信任。炀帝十分多疑，对朝中大臣，尤其是外藩重臣，更是疑心不断。而恰好身为唐国公的李渊曾多次担任地方长官，所到之处也总是能够得到百姓的爱戴，因此威名盛于一时，这自然也引来了炀帝的猜忌。

有一次，炀帝下诏让李渊到他的行宫去晋见，李渊称病没有前往，炀帝很不高兴，一股杀机开始涌上了心头。恰好当时李渊的外甥女王氏是炀帝的妃子，炀帝便向她问起李渊未来朝见的原因，王氏回答说是因为病了，炀帝又问道："会死吗？"

王氏感觉炀帝话中有话，便偷偷把这个消息告诉了李渊，李渊也明白了自己的处境，于是变得更加谨慎起来。他知道自己迟早为隋炀帝所不容，然而自己力量不足以自立，只好暂时委曲求全，缩头隐忍等待时机了。

从此以后，李渊故意广纳贿赂，败坏自己的名声，整天沉湎于声色犬马之中，而且大肆张扬。炀帝听到这些，慢慢改变了对李渊的看法，对他放松了警惕，而李渊也就此躲过了一劫。

我们试想，如果当初李渊一时冲动，没有等待实力雄厚的耐性，那很可能就被正在猜疑他的炀帝送上断头台了，哪里还会有后来的太原起兵和大唐帝国的建立。因此我们说，"屋檐下"的低头说到底还是一个耐性的问题。在境况不好的时候年轻人为何总是喜欢抬头撞得头破血流，根本原因就是按捺不住自己内心的冲动。

就拿在单位里和领导顶嘴这件事来说吧，我们知道大多数刚刚毕业步入职场的年轻人大多都有过这样的经历。然而当事情过去之后他们未必不知道自己的行为是鲁莽的、错误的，只不过因为当时控制不住情绪，才让鲁莽的行为出现了。

对于这样的事情，我们所要做的就是尽量锻炼自己的耐性，克制住自己内心出头的欲望，在境况不好时提醒自己要等待，要忍耐，如此就能够避免此类问题和因此类问题所造成的恶果出现了。

【职场常识】

俗话说："识时务者为俊杰。"如果能够被称为俊杰，就是有着对境况的准确判断和据此才去的得体行为，如此才能够在境况不佳的时候独善其身，在否极泰来时一鸣惊人。试问有几个年轻人不想成为俊杰呢？

凡事一定要在非我不可时才出场

大家应该知道这样一个西方俚语——"压垮骆驼的是最后一根稻草。"骆驼是一根稻草能够压垮的吗？自然不是，只不过是前面已经有很多稻草给了骆驼足够的重量，骆驼已经岌岌可危马上要倒下了。这时连一根稻草的重量它也承受不住了，因此当一根稻草落下时，骆驼也就倒下了。

压垮骆驼，这自然不是最后一根稻草的功劳，但人们对这最后一根稻草的印象肯定是最深的。这为我们说明了一个什么道理呢？那就是要想让人们看到你的价值，那就应该在最需要你的时候出手。当人们感觉到非你不可时，你的出手往往能够换来最大的回报。

无论喜不喜欢，你都必须承认，美国是当今这个世界上的霸主。无论是经济上还是军事上，她都是全世界的老大。很多国家尤其是欧洲的很多国家都以美国马首是瞻：一方面确实因为美国雄厚的实力，另一方面也是感激美国在第二次世界大战中为全人类尤其是欧洲的解放事业所作出的贡献。

论参战时间，美国最晚，论伤亡比例，美国最低，那么美国凭什么说是对盟国二战胜利起了最大的作用呢？就是因为美国选对了参战的时机。在美国对德国和日本宣战的时候，欧洲的一系列大陆国家已经投降，英国也仅能靠海峡和空军自保，苏联局势岌岌可危，中国进入了抗日战争最艰苦的时期，西亚、北非、中亚和东南亚岛屿都相继进入法西斯邪恶轴心的势力范围，可以说全世界范围内，除了美国没有人再能够和法西斯对抗了。在全世界最需要美国的时候，美国出手了。

对德国和日本宣战后，美国大量援助盟国，英国、苏联和法国得到美国大批的资金和物资援助，我们中国战区也得到了美国数亿美元的武器和装备。不仅如此，美国还直接出兵参战，大批美国陆海军活跃在各个反法西斯战场上。有了美国的援助，再加上各国政府和人民的反击，反法西斯局势很快得到了扭转，最终人类和平的曙光也因此到来了。

我要问一个问题，如果没有美国的参战，反法西斯战争是否就会失败呢？恐怕也未必。然而有了美国，胜利的天平瞬间就倒向我们了。我们不能揣测美国参战的意图是什么，但美国选择参战的时机真是拿捏到了极致。

美国是一个新兴国家，二战时刚刚建国两百多年，在人类文明史上是个十足的"毛头小伙子"。而我们很多年轻人，有美国那样的朝气，却未必有美国那样的睿智和耐性。美国因为耐性能够等到最需要她的时候才参战，这一点是值得我们年轻人学习的。在处世的过程中，也要学会拿捏这种分寸，掌握好时机才能够体现出自己的价值。

经济学中有一个名词叫做边际效应，其内容是指消费者在逐次增加一个单位消费品的时候，虽然带来的总效用仍然是增加的，但带来的单位效用是逐渐递减的。对于这个效应，有一个形象的生活案例可以解释：我们饥肠辘辘的时候，一盘包子出现在了我们的面前。这时候我们拿起第一个包子，一口咬下去，这一口带给我们的感觉一定是最好的。而慢慢的我们吃饱了，这时我们的手里还有一口包子，这一口对于我们来说就变成可有可无的。

包子没有发生变化，但给我的感觉却截然不同，试问有谁不想成为那个让人感觉最好的那个呢？那就要懂得选择出手的时机，否则的话，那你就只能成为那个可有可无的了。

办公室里面来了两个新人——小朱和小柳。他们是同一所学校毕业的同学，两个人学历一样，能力也差不多，不同的是两个人的性格。

小朱很外向，没什么心计，为人也很热心，对于办公室里的每个人都十分热情，无论谁的事小朱都当做自己的事，主动提出帮助；小柳为人也不错，但却比小朱多了点心计，他从不主动帮别人的忙，但当对方有求于自己的时候也很少推辞，因此两个人给大家的印象都很不错。

然而久而久之，两个人处世做法的差异体现出效果来了。由于小朱总是主动为别人帮忙，因此大家对他的帮助慢慢都习以为常了，很多工作都推给小朱做，他做好了得不到赞扬，做不好则会让人产生不快；小柳则不然，因为他的帮忙都是在大家最迫切需要他的时候，因此无论做好做坏，得到的都是感谢和赞扬。久而久之，小朱在大家心目当中的形象就定格在了一个平庸的老好人上面，而小柳则被大家认为是既能干又热心的精英。同事们都认为假以时日小柳必定能够得到领导的认可，成为一个大人物。

差之毫厘，谬以千里，出手时机的选择让小朱没有得到应有的报偿，却让小柳成了潜力股，这中间给我们的启示是值得我们深思的。

没有人不想成为大人物，然而大人物总是少之又少，很多人感叹自己的不得志，其实这些人只不过是没有成为大人物的技巧罢了。大人物应该有大人物的能力，很多人沮丧于自己的能力不够，其实即便是小的力量，只要用对地方，也是能够帮你成为大人物的。

因此说，作为一个初入社会的年轻人，不要着急将自己的全部本事展现出来，更不要事事争先恐怕别人不知道有你这么个人。要学会等待，等待最需要自己的机会出现。如此才能够实现不鸣则已，一名惊人的壮举。

【职场常识】

有些人的帮助别人会记一辈子，有些人的帮助则被别人转身就忘，原因在哪里？就在时机的选择上面。年轻人要有等待的耐性，别人铸剑的时候别太着急献身，要知道用在刀刃上的钢才能够被别人认为是好钢。

第四章

低调做人，初生牛犊别张扬

不会坐冷板凳的人，成为"球星"的
几率也不会高

　　在体育竞技领域，尤其是足球领域有这样一个名词叫做"冷板凳"。它指的是那些没有机会成为主角的替补，甚至没有机会出场的球员。他们在主力球员比赛时只能坐在场边的板凳上默默看别人"演出"，因此才得到如此的称谓。

　　没有人喜欢做冷板凳，然而对于一个新人来说，又很少有不坐在冷板凳上的。而如何面对这样的处境就是考验一个人能否成为球星的试金石了。

　　一个最终能够成为球星的人，他不会因自己的境遇而抱怨，而是会安安稳稳地坐在板凳上，埋头积蓄自己的力量，等到机会出现在他的眼前时果断抓住，从而告别板凳。而另一些年轻人则不会如此的低调，他们会怨天尤人，以不好好训练来对待教练的轻视和无视。但其实他荒废的是自己的青春，即便有一天机会出现在了他们的面前，他们也会因为能力不够而让机会溜走，从而将自己一生都绑在板凳上。球星与替补球员有着天壤之别，但造成这样差别的根源还在球员自己。

　　如今的网球天王瑞士人费德勒让很多人都无比羡慕和钦佩，他曾经拿过七十多个单打冠军，连续几年排名世界网坛的第一位，是名符其实的天皇巨星。然而大家却不知道，费德勒的网球之路其实是从球童开始的。他如今能够取得令人瞩目的成就，很大程度上也是拜球童的经历所赐的。

　　早在1994年的瑞士巴塞尔网球室内赛上，十三岁的费德勒就参加了该次赛事，只不过那时的他并非是站在球场上打球的球员，而是一名为球员们服务的球童。看别人打球的滋味自然不太好受，然而也正是有了球童的经历，使费德勒明白了自己离一个职业球员还有多大的差距，自己想要成为一名真正的冠军还需要多么刻苦的努力，此后的几年里，费德勒像一个球星那样要求自己努力训练，这自然使得他的竞技水平突飞猛进，终于在2003年的温布尔登网球大师赛上，一举夺魁，从而开启了一段网坛传奇，并一直延续到了今天。

因为之前的低调，在费德勒"意外"的夺冠之后，很多媒体对于名不见经传的他都无从做出报道。然而可能也是因为之前的低调，使得费德勒可以省去很多"神童"所要面对的干扰，可以专心致志的提高自己的球技。试想，如果费德勒在小的时候就被媒体众星捧月似的报道，今天一个发布会明天一次节目，那么恐怕今天的费天王早就如同古代的方仲永一样，泯然于众人矣。

抬头看清目标，低头加快步伐，这是唯一到达终点的方法。一个年轻人，在初入社会时都总会有些自视甚高，在这种情况下，谁能够最终出人头地就要看他在板凳上下的功夫了。因为对于自视甚高的年轻人来说，一方面担任主角的机会不多，另一方面即使有机会成为主角也会因为自身能力不足而一败涂地，从而永远丧失翻身的机会。

这样看来，坐冷板凳对于年轻人来说也并非什么坏事。只要能够埋下头来将其看做是一个锻炼自己的机会，那么坐一坐冷板凳是一定好过于一进入社会就当主角的。

那么，在坐冷板凳时我们要如何去做才不辜负这个机会呢？我认为应该从以下几方面来注意：

第一，要注意提高自身的能力。年轻人初入社会很难得到重用，却正好可以利用这一时机广泛收集各种信息、吸收各种知识，以增强自己的实力。一旦时机到来，你便可跃得更高，显得更加耀眼！在你坐冷板凳期间，别人也许正在观察你，如果你自暴自弃，恐怕要坐到屁股结冰了你也难以翻身。

第二，要谦卑待人，以低调姿态为自己建立良好的人际关系。很多人都有一种落井下石的劣性。当你坐上冷板凳后，你的朋友可能同情你，想法帮你；但那些平时对你不满之人这时可能会火上浇油，他们巴不得你永远站不起来。所以当你郁郁不得志时，要学会以一种谦卑的姿态来面对他人，给人一种低调沉稳又不失礼貌的印象。如此的话才能够让人重视你、喜欢与你交往，而一个人际关系越来越好的年轻人，出头之日离他也就不远了。

第三，越是坐冷板凳，越是要敬业不能有丝毫的自暴自弃。尽管你坐上冷板凳后平时所做的事可能微不足道，但也要一丝不苟地去做。别忘了，很多人都在冷眼旁观，给你打分。如果你做得很好，他们也无话可说了。

第四，要学会克制与忍耐。年轻人要有韧性，也要有忍劲。能忍受住在冷板凳上的闲气、忍受他人在你失意时的嘲弄，只有如此才能够让你更加明白努力的重要性，让你逼迫自己用实力来回击别人的嘲讽。

没有谁生来就是主角，在没有出头的机会而只能在冷板凳上耗青春时，只有埋头默默积攒自己的实力才是最明智的选择，否则成为主角的机会只能是与你渐行渐远，而你的一生也将永远与郁郁不得志相伴。

有一些年轻人，生来就觉得自己是作大事情的，一旦坐上冷板凳后，不去仔细思考其中的原因何在、如何解决，却只知道整日抱怨、意志消沉，长此下去非但对于境况毫无作用，反而会害了自己。

其实，与其坐在冷板凳上自怨自艾、疑神疑鬼，还不如调整好自己的心态，用行动向他人证实自己，用耐心好好把冷板凳坐热，这才是一个有大志向的年轻人所应该有的成熟思想。

【职场常识】

在场上竞技，是对于一个人的考验，在场下坐冷板凳，实际上也是对一个人的考验。竞技场上考验的是一个人的实力，而坐冷板凳考验的则是一个人的心态。一个年轻人光有实力而没有良好的心态，那就如同只有一只翅膀的雄鹰一样，是永远也飞不起来的。

响水不开，开水不响，不要以为自己了不起

大家可能还记得，在2006年春节联欢晚会上，赵本山、宋丹丹和崔永元三人表演的那个小品《说事儿》。在小品里宋丹丹扮演的白云大妈因为觉得自己是个腕儿，妄想通过中央台再火儿一把从而闹出了无数的笑话。

这个小品非常经典，笑料包袱无数，给我们的春节带来了很多的快乐。当然，在感染于三人幽默表演的同时，有些人也许会想到这样一个问题，在我们这个社会上，确实是越是没有什么本事的人越张扬，越是有本身的人越低调，所谓"响水不开，开水不响"就是这个道理。

"我白云大小也是个名人!"这是小品中白云大妈说的一句话。这句话多少反映了这种自以为是的人的心态，总觉得自己很了不起，觉得自己高人一等，结果等遇到问题需要解决时，他们只会空谈而实际无能的情况就一览无余了。

在《庄子·杂篇》中有这样一则寓言：传说有次吴王乘船渡江。在江中有座山，吴王一时兴起，于是叫手下一同登上此山驻足歇息一番。

这座山上有很多猴子，猴子们看见有大队人马上山来，都惊叫着逃进了丛林，躲藏在树丛茂密的地方不敢下来，远远地看着吴王等人。然而令人奇怪的是，地上还有一只猴子没有走，它显得十分从容，不住地抓耳摸脑、龇牙咧嘴，在吴王等人面前上蹿下跳，好像在故意卖弄自己的"本领"。

吴王看着这个"勇敢"的猴子，开始还觉得挺有意思，但看着看着就觉得烦了，于是便吩咐手下将其赶走。然而，看到有人赶它，猴子反而更加来了兴致，似乎存心要和人较量一番。这时吴王开始讨厌这只猴子的轻浮了，便张弓搭箭向它射去。猴子敏捷地跃起身，一把抓住飞箭。

这下更激怒了吴王，于是他转过身去，示意随从们一齐放箭。顿时箭如雨下，那猴子躲闪不及，终于被乱箭射死。

在我看来，那些自认为自己有多了不起，到处显摆自己"能耐"的人，就如同这只不知天高地厚的猴子一样，不但讨人厌，还会给自己带来料想不到的厄运。因此我要告诫我们的年轻人，才不外露才是聪明的做法，不要做响个不停的半开水，要做就做韬光养晦的智者，在关键时刻显露自己的身手。如此才能使人刮目相看，才更容易得到别人的青睐。

无论是国家大政方面的思考和决策，还是为人处世的作风与心态，美国前总统富兰克林·罗斯福都堪称是一个伟人。然而大家恐怕不知道，富兰克林也有着令他不堪回首的年轻时代，而也正是年轻时代的教训使得他逐渐走上了反思的道路，一步步成了最终在道德上律己甚严的人。

当罗斯福总统还是个毛头小子的时候，他非常喜欢到处显摆卖弄自己的学问。直到有一天，他父亲的一位老朋友把他叫到身边，尖刻地教训他说："富兰克林，你简直不可救药！你到处指出别人的错误，自以为比所有人都高明，谁受得了你？你的朋友已经讨厌你了。他们对我说，如果你不在场，他们就会自在得多。你知道得太多了，已经没有人打算再告诉你些什么事情，因为你不可能再吸收新的知识。其实，你的旧知识又有多少呢？我看十分有限！"

这是罗斯福总统一生中第一次面对如此不留情面的批评，这让他一时陷入了迷茫中。他由此却发现了自己正面临着待人处世失败的命运，因此，他下决心改掉这个恶习。在后来他的日记中我们看到他如是说："我立下一条规矩，决不正面反对别人的意见，也不让自己武断。我甚至不准自己用过分肯定的文字或语言表达意见。我决不用'当然''无疑'这类词，而是用'我想''我假设'或'我想象'。当有人向我陈述一件我所不以为然的事情时，我决不立即驳斥他，或者立即指出他的错误，我会在回答的时候，表示在某些条件和情况下他的意见没有错，但目前来看好像稍有不同。我很快就看见了收获，凡是我参与的谈话，气氛都变得融洽多了……我的意见得到了广泛的支持。"

其实，罗斯福总统并没有什么新的处世观念，只不过是我们一再强调的避免自以为是罢了。然而也就是如此简单的做法，也最终帮助他从一个人见人厌的人变成了一个受人欢迎的人。我们也许不能成为罗斯福总统那样伟大的人，但如果能像他学习而完善自己的处世方法，那么获得我们人际交往中的成功也是绝非不可能的。

我们应该怎样去做才能避免被自以为是的念头占据我们的脑子，控制我们的行为呢？我认为有以下三点是值得注意的。

首先，要学会附和别人，同样的观点要让别人做主角。要知道，年轻人想在社会上站稳脚跟需要的是朋友而不是敌人。那么如何寻找朋友呢？就从这一唱一和中做起，而且谁都想成为主角，你附和别人，满足了别人成为主角的心理，也就在一定程度上获得了他的人情。

其次，永远不要让人感觉你比他人更聪明。如果别人有过错，无论你采取什么方式指出别人的错误：一个蔑视的眼神，一种不满的腔调，一个不耐烦的手势，都可能带来令人难堪的后果。而一个令人难堪的人，是不可能获得良好的人际关系的。

最后，尽量多做事儿少说话。空谈谁都会，但却不见效果。做成一件事好过空谈一百件，这个道理相信任何人都明白。然而年轻人对于所遇到的事情总是喜欢发表主张看法，主张和看法也绝非一无是处，然而如果没有实际行动做后续支援，那么大家就只会把你看做是一个赵括式的人物。长此以往还有谁会相信你，青睐你呢？

【职场常识】

半开水是白云大妈，开水是黑土大叔。白云大妈上蹿下跳却只能被人看笑话，黑土大叔不言不语，一旦说出话却掷地有声。作为年轻人你是成为前者还是成为后者，关键在于你自己的选择。

才华也是双刃剑，别伤到自己

我们这个社会对于有才华的年轻人总是不吝赞美的，才华横溢自然意气风发。"遥想公瑾当年，小乔初嫁了，雄姿英发，羽扇纶巾，谈笑间，樯橹灰飞烟灭。"读读苏轼的诗句，那一股少年得志的快意油然涌上心头。

才华，对于任何人来说都是求之不得的，然而对于很多年轻人来说，一身的才华非但没有帮助他们成功立业，反而成了他们的包袱，使得他们的人生道路比之普通人还要艰辛，他们的下场比之平庸人还要悲惨，这又是为何呢？

其实，才华更像是一把双刃剑，能够帮助你"披荆斩棘"的同时也可能伤到自己。一个善于驾驭才华的人能够把这把剑挥舞的游刃有余，而一个不善于驾驭才华的人，则会在乱舞中割伤自己。

前几年有一部非常出名的电视剧《贞观长歌》，在剧中聂远所扮演的蜀王李恪是剧中仅次于唐国强扮演的唐太宗李世民的第二重要的角色。应该说聂远的演技很好，把李恪身上那股少年得志又恃才傲物、天生雄才却不知收敛的劲头十足地表现了出来。

对于李恪这个角色，相信大多数观众都是既爱又恨、既妒又怜的。李恪的才华自不必说，在几个争夺储位的皇子里他是最有能耐的，这一点连唐太宗李世民都看在眼里，直夸他"英果类我"。然而，也正是一身的才华让他在竞争中败下了阵来，最终输给了一直默默隐身、韬光养晦的李治。

其实，作为李恪的师傅和监护人，岑文本早就给李恪指出了一条通往皇位的道路，那就是韬光养晦，把才华隐藏起来。但年少轻狂的李恪却不以为然，处处显露才华，慢慢把自己在李世民心中的形象毁于一旦，亲手葬送了自己的前程。

更令人痛心的是，已经吃过一次大亏的李恪却还不知收敛，在皇位已定的情况下还要处处争锋，终于被长孙无忌所忌惮，罗织了一个罪名将其置于死地。

身为皇子，周围又有着大批的能人死士跟从，李恪可谓春风得意。然而如此出风得意的人，只一夕之间就一败涂地，最终即便想做个普通人苟延残喘都不行，这个教训难道还不够沉重吗？

试问，我们现在的年轻人有几个人能够有李恪那样的雄才大略？又有几个人有着李恪那样的成功资本？既然李恪尚且因为不知收敛才华而身首异处，我们就更应该学会将才华隐藏起来。须知收入刀鞘的刀子才会锋利，总是把刀子暴露在外面，那么它就只能越来越钝。

我们都知道，杨修因鸡肋而死的故事。杨修固然有才，但也正因为不知收敛而死于非命而成为历史上因为才华而伤及自身的典型。其实在历史上像杨修这样的例子有很多，比如汉初年少成名却郁郁而终的贾谊。

"宣室求贤访逐臣，贾生才调更无伦，可怜夜半虚前席，不问苍生问鬼神。"这是一首唐代诗人李商隐写给贾谊的诗。在诗中李商隐把贾谊那种郁郁不得志的悲哀描写的淋漓尽致，让后人对贾谊产生无限的怜悯与同情，然而李商隐没有指出的是，贾谊的不得志在很大程度上其实是拜自己所赐。

贾谊是河南洛阳人，才高八斗，年少成名。当地的太守吴廷尉听说他饱读诸子之书，因而对他非常的器重，每每地方上遇到什么棘手的大事，吴廷尉就把贾谊请到府中，询问他的意见。在贾谊的帮助下，吴廷尉的政绩一天好过一天，而贾谊的名声也就随着吴廷尉的政绩而水涨船高，逐渐成为名重一时的青年才俊。

不久，刚刚登上皇位的汉文帝下求贤诏，命令天下各地选拔贤能的人才进入朝廷，借此机会，吴廷尉向文帝推荐了贾谊。文帝立即把贾谊奉为博士召到宫中，这一年贾谊只有二十多岁，正值少年得志，可谓意气风发。

每当文帝遇到棘手的问题召臣议事时，贾谊每次都能轻而易举地应付，文帝自然对此非常满意。相形之下，那些文武朝臣就有些捉襟见肘，虽然他们口头上对贾谊表示钦佩，自叹不如，但是心中隐隐不快。

因为贾谊的出类拔萃，使得文帝对他十分心仪，总是极力地提拔他。不到一年的时间，贾谊就当上了侍中大夫。他自认为天下大治，开始实行改革，自作主张草拟新的礼仪法规。他把黄色定为尊色，服装全部以黄为上；他自行设定权位等级，设置官名及其职能。这样一来，由秦朝传承下来的朝廷纲纪被更改得面目全非。

大臣周勃、灌婴、东阳侯张相如和御史大夫冯敬平时就很反感贾谊，现在看他肆无忌惮地修改传统制度，便趁机总结贾谊的缺点，在文帝面前一一陈述："贾谊此人虽然有些才学，但是现在他目无他人修订法制，未免有篡权的嫌疑，皇上不可不防。更何况现在天下被他弄得一团糟，还请皇上明察。"

文帝细细回想贾谊的所作所为，也觉得他有些恃才放旷，于是就开始疏远他，最后将其派到长沙做长沙王的陪读老师。而贾谊也就从此远离了政治中心，告别了最高舞台。这使得他非常的郁闷，整日唉声叹气，终于积郁成疾，仅33岁就忧郁而死。

贾谊固然有才，但却没有用对自己的才华。他只知道外露而不知道收敛，最终为人所忌惮排挤，落下了任人悲悯的境地。对于贾谊的下场，我们现在的年轻人是一定要以实际的行动将其避免的。

《易经》上说："君子藏器于身，待时而动。"才华就是人的器，在没有到施展时机的时候最好将其藏起来，只有如此才能保证你不因锋芒毕露而伤害自己。

【职场常识】

年轻人有才固然重要，但学会处世更加重要。一个个才华横溢的年轻人最终为人所排挤导致一事无成的故事告诉我们，才华也是双刃剑，别伤到自己了。

为人处世别张扬，扮猪吃老虎是真本事

在粤语中有一个俚语叫"扮猪吃老虎"。这句话是什么意思呢？它的愿意是指猎人要捉老虎，但是又怕老虎一看到自己就跑开了，于是便装扮成一只猪猡，学成猪叫把老虎引出来。老虎一看是头肥猪自然欣喜，于是便放松了警惕，而猎人等老虎走近之后，便可以出其不意的突然向它发起攻击，从而擒住老虎。

人们总是容易轻视那些低调、沉寂、深藏不露的人，而对于张扬的人则会提高警惕。这就给了我们一个获得成功的捷径，那就是隐藏实力、故作低调，关键时刻再出手，如此一来就可以取得事半功倍的成绩。

有这样一个人，他就是靠着"扮猪吃老虎"，不仅躲避掉了所有的对手，还让对手们将胜利的果实拱手送到了自己的面前，这个人就是埃及前总统萨达特。

萨达特是 1952 年埃及"七·二三"革命的组织者和发起者之一。然而革命成功之后，作为元老的他却并没有像其他人一样，为到手的权力而争锋。他仅仅跟随当时的总统纳赛尔，无论任何事都不提出自己的意见。对于轰轰烈烈的政治斗争，他也总是置身事外，无论面对那一派，他都总是唯唯诺诺。

对于萨达特如此懦弱的表现，很多人都看在眼里、笑在心里。渐渐地，大家对萨达特越来越轻视。纳赛尔更是称萨达特为"毕克巴希萨萨"，即"是是上校"，甚至不满意地讲："只要萨达特不老说'是'，而用别的话来表示他的赞成意见，我就会觉得舒服些。"

在日常工作中，萨达特不露声色，表现得平平常常；对于他职权范围内的问题，他从来不拿出自己的主见，偶尔自己的公开态度稍有出格，就会立刻纠正，与纳赛尔的信徒保持一致。

1967 年，第三次中东战争之后，纳赛尔考虑隐退，将扎克里亚·毛希西提名为继任者。然而三年之后，经再三权衡，考虑到顺从及危险性小等原因，纳赛尔出人意料地选择萨达特为其继任者。同时，出于易于控制和为人温和的考虑，埃及军方也支持萨达特。

1979 年 9 月纳赛尔去世，埃及开始了一场激烈的权力之争，争夺者们既有潜在的势力，又都大权在握，他们互不相让。后来出于政治妥协，把平日最不起眼的萨达特捧上了总统宝座。然而，他们没有想到的是，这一次，萨达特却突然撕下了伪装的猪皮，露出了猎人的面目。刚一继任总统，萨达特就一反平日的卑微之态，大刀阔斧地整顿管理机构，雷厉风行地推动改革，不但控制了政府，取得了人民的支持，还牢牢地抓住了军队。由此看来，萨达特这位"是是上校"是真正掌握了"扮猪吃老虎"的精髓。

恐怕萨达特没有中国翻译告诉过他"扮猪吃老虎"这句话，他也肯定不知道古老东方还有这样的处世智慧，但他的行事作风却是完全吻合了这句话的精髓。由此我们可以看出，无论是东方还是西方，无论在什么环境下，处世的道理都是想通的。"扮猪吃老虎"能够帮萨达特登上总统之位，同样也能够帮助我们现在的年轻人在社会上站稳脚跟。

2007 年 11 月 14 日，深圳体育场，长春亚泰以 4:1 的比分战胜深圳上清饮队，从而将该赛季的中超冠军收入囊中。在竞争激烈的中超赛场，长春亚泰队以刚刚升入中超两年的新军身份就夺取了冠军，其主教练高洪波自然居功至伟。而高洪波是如何能够带领年轻的长春队从"诸强争霸"中脱颖未出的呢？靠的就是"扮猪吃老虎"。

在赛季刚刚开始的时候，面对媒体和球迷，高洪波低调地宣称长春队这个赛季的目标仅是保级而已，这无形中就使得诸如山东鲁能、北京国安、上海申花这样的豪门球队对其放松了警惕，尽全力投入到彼此的厮杀之中。而高洪波的长春队也正是利用这样的机会慢慢积攒积分，等到这些豪门醒过味来将矛头对准长春队时，高洪波手里的优势已经足够大了。

然而即便奠定了冠军的基础，高洪波仍然表现得非常低调，他一再强调自己的目标是拿到下赛季的亚冠参赛资格就好，对于中超冠军是不敢奢望的。高洪波如此的言论，无形中麻痹了在身后追赶的北京国安队。

国安在多场能够追上亚泰队的比赛中由于心理问题而没能获胜，最终拱手将冠军送给了"新人"长春亚泰队。

从高洪波和亚泰队的成功中我们能够解读出这样的道理："扮猪吃老虎"对于有实力的新人来说是最好的方法，可以帮助你躲掉因为太引人注目而导致的攻击，从而让你的成功之路更加顺畅。我们试想，如果高洪波从赛季开始就对自己的实力大吹大擂，胜一场比赛就得意忘形，那恐怕就早成为豪门们的靶子了，到时是否真的要陷入保级的泥潭中也未可知。

《菜根谭》说："鹰立如睡，虎行似病。"这句话的意思是说老鹰站在那里就像睡着了，老虎走路时像有病的模样，这就是它们准备捕捉猎物之前的手段。所以一个真正有才能有野心能成大事的人，是绝对不会做出一副不可一世的模样。这既是再积蓄力量，也是在保护自己。

有些人表面上看似愚钝鲁拙，实际上却眼明心亮；而有些人表面上精明灵透，骨子里却愚蠢透顶。前者总是能够在社会上占尽便宜，后者却总是会成为失败的注脚。是成为前者还是成为后者，就看你如何选择了。

【职场常识】

宁做傻中精，不做精中傻。猎人扮成猪能够擒住老虎，而猪扮成猎人最终却只能被老虎吃掉。年轻人因为刚刚进入社会有先天被人轻视的优势，正好给了我们"扮猪吃老虎"的机会。因此我们应该学会因势利导，借机让自己在社会上站稳脚跟。

留三分余地给别人，就是留三分余地给自己

有句话："自出山来无敌手，得饶人处且饶人。"这句话对于年轻人的教育意义是非常重要的，可能身为年轻人的你没有意识到，自己身上那股朝气一不留神就会变成戾气。凡事和人针锋相对，做事不留余地，把对方逼到死角，这些行为都是戾气的表现。

年轻人有朝气固然是好事，然而因为欠缺控制自己的经验，很容易有得理不饶人这种情况出现在身上。因此我才要强调，年轻人一定要把握好与他人相处尤其是相争的度，做到得饶人处且饶人。须知留三分余地给人就是留三分余地给自己，把人逼到死角，那很可能你也就跟着进入了死角。

相信很多读者都和我一样对三国的张飞之死耿耿于怀——英雄就应该战死沙场，如此才不愧为英雄二字，然而作为堂堂三国名将、蜀国开过元勋、新亭侯，张飞却于睡梦中为两个宵小之辈暗害，死得没有气魄。

张飞死得虽然不够壮烈，却也并非冤枉。我们在为张飞之死痛惜的时候，也应该考虑一下那两个宵小范疆和张达，身为蜀军的低级军官，为何会铤而走险杀死张飞，其实原因还是出在张飞自己身上。

话说关羽被东吴所害之后，张飞闻讯既哀又怒，下令军中三日内制办白旗白甲，三军挂孝出兵伐吴。然而什么事也不是一夕办完的，几万人的白旗白甲哪是三天能做成的。次日范疆、张达报告张飞说三日内办妥白旗白甲有困难，恳求张飞宽限几天。

张飞不听还罢，一听大怒，命令武士将二人绑在树上各鞭五十，打得二人满口出血。处罚完两人张飞还不解恨，手指二人说道："到时一定要做完，不然，就杀你二人示众！"范疆、张达受此刑责心生仇恨，再加上三日内实在完不成张飞的苛令，想想左右是个死，还不如铤而走险趁

张飞大醉将其杀死，如此或许还能保一条活命，因此两人才将张飞暗害。因此我们可以说，张飞其实是被自己给逼死的。

从张飞的例子中我们能够得出这样的结论，其实很多时候，你把对方逼到绝路上，也是把自己往绝路上领。而如果你能够选择留几分余地给对方，其实也是在给自己留余地。

当然，有很多气盛的年轻人可能不以为然，认为自己有着过硬的实力，是完全能够应付得住别人的绝地反击的。有过人的实力固然可以帮你置之绝地而后生，然而一个人如果总是将自己置于绝地中是难免会出现一两次意外的。年轻人没有失败的资本，一两次失败就很可能决定你一生的命运，因此年轻人一定要懂得在处世时给人留余地的道理。

当然，我们指的留余地其实包含两方面的意思，一方面是给别人留余地，无论什么时候，无论在什么情况下，也不要把别人推向绝路，万不可逼人于死地，迫使别人做出极端的反抗；另一方面，给别人留余地的同时，自己也有了余地，让自己有进有退，以便日后能更灵活地处理工作事务，解决复杂多变的问题。

一家工厂新来的保卫科副主任是个大学毕业生，有天巡视厂区看到有几个工人在库房吸烟，库房是绝对禁止吸烟的，看到工人如此明目张胆地违规，大学生非常气愤，他想上前斥责他们，并作出相应的处罚，然而当他把自己的想法说给旁边的主任时，被主任拦住了。

主任指示他不要说话，看自己怎么做。主任走了过去，但他并没有马上怒气冲冲地对工人说："你们难道不识字吗？没有看见禁止吸烟的牌子吗？"而是稍停了一下，掏出自己的烟盒，拿出烟给工人们，并说道："来大家尝尝我的烟吧，不过这儿抽烟好像不好，咱们一块儿去屋子外面抽吧，还能透透气！"工人们听了主任的话，纷纷不好意思地掐灭了手中的烟。

年轻的副主任对主任的行为非常纳闷，问主任为何要"纵容"工人，主任微笑着回答道："作为保卫科主任，咱们自然有资格处罚工人。然而如果我们一味处罚，很容易让工人们产生逆反心理。他当着你的面不敢说什么，但你走之后他难道不会变本加厉吗？如此一来非但收不到效果，还会让事情更糟。这样就不如留个余地给他们，让他们自己意识到错误，效果反而可能更好！"

第四章　低调做人，初生牛犊别张扬

95

　　道理就是这样，你给别人留个能够回旋的余地，别人才有可能"转身"，但如果你把别人逼向"死角"，那别人既只能选择和你对抗了。即便表面上不能做什么，难道他在背后还不能搞些小动作吗？因此，不要小看这个余地，这很可能就是你良好人际关系的源泉，你成功路上的奠基石。

　　在某个炎热的下午，一个客人在一家私营饭店门前摔了一跤。酷暑盛夏，本来就热得心烦意乱，加上当众跌倒在地，这让客人很是难堪。他怒气冲冲地闯进饭店老板办公室，指着老板的鼻子说道："你的地板太滑太危险，刚才我出去买香烟，在门口滑倒，摔伤了腰，你必须马上把我送医院检查治疗！"边说边用手扶着腰部做疼痛状。

　　听着对方如此咆哮，老板没有反击而是笑脸相迎："唉呀，实在抱歉，腰伤得厉害吗？请您先稍坐一下，我马上就和医院联系，叫辆的士把你送去。"

　　在等出租车到来的时候，老板拿着一双拖鞋来到那位客人面前说"您的脚伤了，为了更方便一些，请您换上这双拖鞋。我已经和医院联系好了，现在就送您去。"

　　当那位客人离开办公室时，老板把他换下来的鞋交给伙计并悄悄地说："客人穿的鞋，鞋底都磨光了，你马上把它送到外面的修鞋处订上橡胶后跟。快去快回。"

　　在医院就诊检查后，客人回来了，结果是，腰部无异常发现。老板拿着医院的检查报告单对那位客人说："没有发现什么异常情况，真是万幸。"

　　此刻，那位客人才对自己的做法感到有点内疚，于是解释说："地板很滑，实在危险，我只是想提醒你注意一下，别无它意。"又为自己找台阶下说："这次摔倒的是我，要是摔倒了上年纪的人怕就麻烦大了。"

　　到了店里，经理拿来已修好的鞋子说："请不要见怪，我们冒昧地请人修了你的鞋子。据鞋匠说，鞋底都磨平了，若是穿着它在楼梯上滑倒，那可就太危险了！敝店门口天天有人进进出出，说实在的，您是第一位滑倒的人。"

　　那位客人面带愧色，接过修好的鞋子，不好意思地笑了笑，从此以后，这名客人成了店里的常客，还经常介绍自己的朋友来店里住宿。这样一而十十而百，这家饭店的生意因此蒸蒸日上。

试想，如果那老板不是给双方留余地而是当面和顾客争吵起来会怎样呢？虽然可以免去带顾客去医院的麻烦，但因此也就失去了这名顾客和他所能带来的潜在客源。行走在社会上谁不需要一条后路呢？你现在不这么想，那是因为你初入社会还没遇到让你难办的事。相信在你被逼到没辙的时候你也会希望自己有点余地能够回旋。

【职场常识】

留三分余地给别人，这种做法明为退，实为进，是一种比较圆熟的做法。世事难料，谁也不知道自己哪天会走到窄路上。因此预先积累下一些人情资源，这是一个聪明的年轻人应该有的心计。

第四章 低调做人，初生牛犊别张扬

"弯"不是低头，而是一种弹性的生活方式

很多年轻人信奉"好钢宁折也不弯"这句话，认为行走社会就是应该保持自己独有的刚直，宁肯吃亏也不向现实低头。对于这样的年轻人，我们只能说他有勇气，然而他们的行为实际上却是十分愚蠢的。

没有谁的人生是一路坦途的，即便再强的人也总会有身在矮檐下的时候。当所处的环境让你无法直起腰板时，低头弯腰就是你最明智的选择了。在这种情况下，你固然可以选择不弯腰，但却会被现实狠狠地教训，甚至为此付出难以挽回的代价。

周亚夫这个名字对于很多年轻读者来说可能有些陌生，然而熟悉历史的人都会知道，他对于西汉王朝的稳定以至于整个中华民族的发展都有着极大的功绩。很多历史学家都提出，如果不是他平定七国之乱确保了汉王朝的统一，那么中华民族很可能就会因此走向西方那样城邦式的发展道路，从而彻底丧失大一统的机会。由此可见周亚夫在西汉以至于中国历史上的重要性了。

然而，周亚夫同时也是以一个悲剧人物载入史册的。公元前143年，周亚夫被诬陷谋反因此被抓入廷尉监狱，一世英豪不堪受狱卒的侮辱，终于绝食五天而亡。对于周亚夫的死，很多人都为其感到委屈，因为他的罪名实在是冤枉。然而究其被诬陷的原因，其实还在于他自己身上。

周亚夫为人刚正甚至到有些粗鲁。他做事刚愎自用且脾气暴躁，虽然很有军事才干但也因此有些恃才傲物，从不愿承认自己的错误，即便是面对天子也很少有让步的时候。

当年在细柳营练兵的时候，周亚夫就敢甲胄见君，虽然得到了景帝刘启的赞扬，但很难说不会让景帝觉得他有些不识时务。平定七国之乱时，周亚夫又在关键时刻将景帝的亲弟弟、窦太后的宝贝儿子梁王刘武

拿出来当挡箭牌，让刘武一度腹背受敌；梁国危在旦夕时向其求援，周亚夫非但不出兵求援，还用风凉话搪塞使者，让刘武一度恼羞成怒，窦太后也对他恨之入骨。

如果说上述两次事件他还是恃才傲物的话，那么在七国之乱平定之后，周亚夫在朝堂上还是摆出一副大将军的模样动辄对朝臣甚至景帝颐指气使就是典型的不识时务的表现了。平定七国之乱时，景帝要仰仗周亚夫，因此不敢拿他怎么样。但在七国之乱平定之后，局势稳定了，周亚夫就应该明白自己挺着腰板的日子已经过去了，此时就应该学会低头以自保。但他却不明白，在景帝几次给他暗示之后仍然趾高气扬，再加上梁王和窦太后的挑唆，也就难怪景帝会对他动杀机了。

顶天立地的"大汉子"固然让人钦佩，然而如果这"大汉子"的名号需要用生命的代价来换，那就得不偿失了。甚至当时间流逝以后，"大汉子"的丰功伟绩为人所忘记，人们只记得他身败名裂的下场，那么他顶天立地的行为很可能就会被人当做是愚蠢的不识时务了。因此，我们的年轻人要摒弃自己思想中这股"大汉子"的情结，要学会识时务的低头，让自己的人生多一点弹性，如此才能走的更稳、更远。

相传老子曾经跟随商容学礼。又一次商容生病了，老子前去看望他，并且借机请教几个问题。其中有一个就是关于刚与柔的。

听了老子的问题，躺在病榻上的商容张开了嘴，让老子看，然而问老子，"我的舌头还在嘴里面吗？"

"在！"老子回答道。

"那么牙齿呢？"商容接着问。

"不在了，全掉光了吧。"老子回答说。

"你知道我问你这个问题的深意吗？"商容最后问道。

"您是想告诉我，舌之所以存在，是因为它柔软；齿之所以落尽了，是因为它刚强。"老子回答说。

商容听了老子的回答，非常高兴地说："是的，你的理解完全正确。舌头因为柔软而可以长存，牙齿因为太刚强而先落。其实这个道理不仅对牙齿和舌头是如此，天下万物万事也都如此。刚虽然强，但却不得善终；软虽然弱，但却可以保全自身！"

这一段就是道家著名的"舌存齿亡"之辩。我举这个例子的意思就是告诉读者，如果想要像舌头一样保全自己，你就要让自己的人生充满弹性，该硬的时候固然要硬的起来，该软的时候也要软得下去。在人生的旅途中，我们常常要承受各种碰撞，有些碰撞是那么的剧烈。要想避免被撞碎的结局，就要变得柔软，至柔才能胜至刚。

软下去、弯下腰、低下头，这都是一个意思，就是识时务，在环境不利于自己的时候果断退让，谋求一个自保的机会。要知道无论想做成什么，自保都是基础。连自身都保护不了的人，怎么可能会有过人的成就呢？

一堆巨石被山洪冲到草地上，把一片小草压在下面。小草是要给自己寻找生计的，但它自然是顶不起石头来的。就这样，为了呼吸那清新的空气，享受那温暖的阳光，小草改变了生长方向，沿着石间的缝隙弯弯曲曲地探出了头，最终冲出了乱石的阻隔。

人生在世，对于外界的压力，要尽可能地去承受；然而在承受不住的时候，就不妨弯曲一下，就像小草那样灵活地拐个弯。这样一来，你被扼杀的命运也就改变了。

【职场常识】

弯腰、低头、变软，这是失败者的强心剂，对于初入社会的年轻人来说尤其重要。在你工作不顺心想要辞职了事时，当你的上司对你无礼训斥你想要和他大吵一架时，当你在社会上遇到不讲理但又拿他没办法的人时，不妨就喝一口这强心剂。虽然不会给你的处境带来立竿见影的效果，但至少能够为你下一步如何行事找准方向。

不到火候，不要崭露自己的锋芒

"十年磨一剑"，这恐怕是很多年轻人在走出校门进入社会之后首先涌入脑海的念头。"我学习了这么多年，掌握的一身本领，终于可以进入社会一展身手了。一定要赶快找个机会好好展示一下。"

这种想法我们不能说错，所谓"一鼓作气"的心气每个人都在所难免，然而对于一个成熟的年轻人来说，他是绝对不会在初入社会时就焦急地崭露锋芒的。他会先学着隐忍，用低调的行事作风将自己的锋芒全部遮盖起来，等待一个绝佳的时机再出手。所谓"不鸣则已，一鸣惊人"就是如此。

为什么我强调年轻人应该学习后者呢？因为从本质上我们的社会还是一个竞争的社会，无论是多么有能力的人，如果在一开始的时候就把自己的锋芒全部暴露出来，是很容易受到别人的注意和攻击的。这样一来还没等到最好的展示机会出手，他就已经在别人的围攻中倒下了。

《阴符经》上说："性有巧拙，可以伏藏。"这句话就是在告诉我们，善于伏藏才是人克敌制胜的关键。一个不懂得伏藏的人，即使能力再强、智商再高也难以战胜对手，甚至还会招来杀身之祸；而一个善于伏藏的人，则能够成功躲过"刀光剑影"。等到机会出现时再突然出手，从而一击致命。

后燕成武帝慕容垂就是这样一个靠着伏藏锋芒而最终等来机会的人。慕容垂从儿时起就聪明过人，成人后身身材颀秀，其父慕容皝对他特别宠爱，曾说"我这儿子最终能破人家，或者能成人家。"

慕容垂之父慕容皝死，他五哥慕容儁即位，慕容垂被任为河南大都督、征南将军、兖州牧、荆州刺史领护南蛮校尉。但太傅慕容评和皇太后不能容人，他们不仅不赏慕容垂的军功，反而要诛杀他，他不得不与儿子慕容全逃离前燕，投奔了前秦苻坚。

苻坚早有并吞前燕之心，只是顾忌慕容垂为将，未敢轻举妄动，现在见他们父子来投，不禁大喜过望。他亲自到市郊恭迎，给以隆重的礼遇。苻坚的谋臣王猛认为慕容垂有雄才大略，不杀将成后患。苻坚听不进去，反任他为将军，封他为宾都侯。这个前燕的宗室子弟总算在苻坚的卵翼下蛰伏下来。

晋太和五年，苻坚俘获慕容暐，灭掉了前燕。当苻坚率军进入前燕的京师邺城时，慕容垂也随军前往。他见到几个未随他出逃的儿子，想到故国沦亡，不免悲从中来。他原来的属下见他成为敌国的战将，都在脸上露出不悦之色。前郎中令高弼私下谒见慕容垂，劝他道："大王才能超群拔萃，却遭无妄之灾，辗转流离，备尝艰难。有幸上苍让我重见大王，如今国祚暂移之际，正是大王重开伟业之机。惟愿大王收揽旧臣子弟，以建丰功伟绩。不要因为一怒而捐弃燕国。"

慕容垂心中正有使前燕东山再起之志，对高弼的进言自然心领神会，但并未表露出来，表面上仍旧忠心耿耿地为苻坚征战。苻坚因他战功卓著，又升他为京兆尹、泉州侯。

公元383年，我国历史上著名的淝水之战爆发了。苻坚大举进攻晋室与晋将谢石、谢玄战于淝，结果遭致惨败。在这场大战中，前秦诸路兵马只有慕容垂一军完整地保全下来，苻坚带领千余人残兵败将逃到了他这里。此时，慕容垂的儿子慕容全觉得这是天赐良机，便劝父亲乘机杀掉苻坚，复兴燕国，然而慕容垂却拒绝了。不是他不想这么做，而是他觉得时机还不成熟，他要等苻坚北归后内部裂痕更深时再动手。到那时"既不负宿心"，又"可以义取天下"。

他弟弟慕容德不同意"负宿心"的说法，认为自古以来就弱肉强食，不可错过报仇雪恨、复兴燕国的机会。如果"当断不断"，就会"反受其乱"。老谋深算的慕容垂却认为前秦衰亡在所难免，他现在之所以不举事，是要等到别人袭击苻坚的关西地区时，他再拱手平定关东。所以他对诸子弟说："关西之地肯定不会归我所有，自然会有人骚扰进攻那一带，而我正可以不费力气地占据关东。君子不怕乱，不为祸先。姑且走着瞧。"

在得到了子弟的理解之后，慕容垂把自己那支完整的军队交由苻坚指挥。其实在当时，符坚已经意识到了慕容垂可能的威胁，因此已经着手布置拿下慕容垂兵马的计划。慕容垂如果在军中造反，很可能就掉进了符坚布好的陷阱中，但慕容垂如此的行事却迷惑了符坚，于是符坚彻底打消了拿下慕容垂的念头，慕容垂逃过一劫。

其后不久，符坚军队行至渑池，慕容垂请求去邺城祭拜祖墓，因为已经被慕容垂的行动麻痹了，符坚当然欣然答应，并且还拨给了他不少兵马。此时，慕容垂意识到机会到来了，他在邺城以守将禁止他拜谒祖墓为借口起兵，并迅速招兵买马举起反叛符坚的大旗。第二年，慕容垂又自立为燕王，正式开始了攻击恩人符坚的军事行动。不到两年后，符坚死于秦王姚苌之手，而慕容垂则登极称帝，实现了自己的王图霸业。

几次放过手边的机会不出手，慕容垂并不是不想，只是因为机会并不成熟，贸然露出锋芒只会给自己招来杀身之祸。能够成就最终的霸业，慕容垂的隐忍功夫可以说是起了至关重要的作用。

我们现在的年轻人，要学就学慕容垂这样的英雄，要知道越是成大事者，越是应该韬光养晦。那些在一件小事上都恨不得把全身本事都展露出来的人，终究是不会有什么大出息的。

【职场常识】

锋利的刀子是藏在刀鞘里的，致命的武器是不为人知的。一个人要想让别人对你刮目相看，要想在关键时刻一鸣惊人，就先要学会在平时隐藏实力，不到该出手的时候，就不要让别人看到你的能耐。

第四章 低调做人，初生牛犊别张扬

103

不做功高盖主被"诛杀"的冤大头

对于年轻人来说，在低调和隐忍方面还有一个问题是需要特别注意，那就是不要做功高盖主的事。功高盖主，这个问题似乎是年轻人的专利。为什么会有这种情况呢？一方面是年轻人心气盛，喜欢表现自己，另一方面则是由年轻人的社会地位决定的。

我们必须明白这样一个事实，那就是很少有年轻人在一进入社会时就成为主角，一般都是依附在别人的身边作为配角。无论是进入公司、企业，还是进入机关单位都是如此。无论在哪儿，在年轻人上面总是有着很多主角的，而一旦年轻人的表现太过突出了，就很容易出现功高盖主的现象，进而成为被诛杀的冤大头。

某公司裁员的风波持续很久了，这周末裁员的最后名单终于公布出来了，无论那一刀是不是砍在自己的头上心里都踏实了。然而，当大家看到裁员名单时，还是有很多人陷入了深深的疑惑。原来在名单上，公司一贯表现良好的路姜赫然在列，而平时和谁都和和气气却并没见有什么特殊贡献的小胡却得到了留任。很多人都对此非常不解，不过有些处世精深的人却会心的一笑，明白这个名单背后到底有什么玄虚。

原来，小胡和路姜都是去年来到公司的新人，两个人虽然年纪相仿，学历也不相上下，但在工作和处世方面却有着天壤之别。小胡平时嘻嘻哈哈，和谁都说的来，但对于工作却总是不那么上心，交给他的工作十件里能有六件挑出毛病来。而路姜则不然，小伙子的努力大家都看在心上，很多事情他都能独当一面；在办公室会议里，他也总是能够提出中肯的意见和建议；有的时候他发言的时间比经理时间都长；很多工作，他的建议比经理的建议还有效。

像路姜这样的人，虽然对公司作用巨大，但却会对经理造成威胁，而小胡那样的员工，虽然办不了什么大事儿，但却是一个不错的跟班，因此作为决定裁员名额的经理怎么选择就很容易想到了。

路姜被辞退冤枉吗？既冤枉也不冤枉。冤枉是因为凭实力他绝对不应该离开，不仅不应该离开还应该升职，然而，这也正是路姜不冤枉的地方。路姜太不懂得低调了，试问他把经理的工作都做了，在同事心中比经理还有能力，那让经理如何自处。这样的人留在身边就是威胁，当然是早辞退早好了。

年轻人想靠自己的本事为自己创出一片天固然不错，但也要先从实际情况考虑一下自己发挥的余地。如果现实给你发挥的空间只有一平米，那么你发挥的越是突出反而越会导致自己被淘汰。不要以为功高盖主的事情只会出现在历史中，在职场里，路姜这样的悲剧每天都在上演。

那么，我们像小胡那样毫无上进心就好了吗？也不可以。这样做自保有余，但进取却不足；而且在竞争激烈的社会中，一个人如果让别人看不到他的价值，迟早也是会遭到淘汰的。表现也不行，不表现也不行，那么我们应该怎么做呢？我认为这个问题的关键是一个度的问题，既把握好表现的方法和处世的技巧，既把自己的能力表现出来，又不会造成功高盖主那样恶劣的情况。具体方法，我介绍以下几点：

第一，要摸清所在单位的规则。无论在企业还是在机关，都有一定的规则，新人刚一进入第一件事就是把这个规则摸清。不要做规则不允许的事情，这样一来就不会给人留下口实，让对方想"诛杀"你也找不到理由。

第二，尽量不谋私利。有良好表现的年轻人最怕的就是被认为是为了什么目的才表现的，让别人尤其是领导对你有了这样的看法，那你的"末日"肯定也就不远了。

第三，不主动揽活。不属于自己的工作不要主动去经手；偶尔帮同事的忙也要让别人看到是在对方的要求下进行的；对于那些可能带来名利的工作更是不要主动去争取，要知道作为一个新人，你还没有这种资格，否则的话不但会被领导忌惮，说不定还会招致同事们的非议，从而让你的前路更加艰难。

第四，不揽权。不属于自己的权力，一定不能揽为己用，要知道你上面还有领导，让他觉得你成了他和下属直接交流的绊脚石还算好的，如果让他觉得你会对他的地位构成威胁，那等着你的除了真的取代他就只能卷铺盖走人了。你有多少把握取代一个根扎得很牢的领导呢？因此，权力对于作为新人的你不是什么好事，这一点一定要记清楚。

最后，多请教领导。无论有没有问题，在重大问题的处理上面，一定要多向领导请教，一方面会让领导感觉到你对他的重视和尊敬，另一方面也可以为你免去很多责任。要知道很多新人身上黑锅都是由于不请教领导而自作主张而背上的。当然，你也不能事无巨细全都请教，这样的话反而会让领导认为你是个无能的人，因此请教领导的尺度也是需要你自己去拿捏的。

年轻人最怕的是什么，是卖力的表现、用心工作却换来被排斥被敌视的下场，这对于年轻人的心理打击是巨大的。而如何避免这种情况发生呢？就在于不要做功高盖主的事情。

伍子胥怎么样？是帮助吴王攻楚的第一功臣；韩信怎么样？是帮助刘邦战胜项羽的关键人物；年羹尧怎么样？是稳固大清半壁江山的风云人物。然而三个人的下场一个比一个惨，原因在哪里？就在于功成不知道收敛，让领导者感到了威胁，最后一个个被干掉。

相信很多年轻人都想有他们三个那样的成就，也相信很多年轻人都不想有他们那样的下场，那就要吸取他们教训，成熟有度地去应对低调隐忍与高调表现之间的关系。

【职场常识】

作为一个新人，如果你对谁都没有威胁那么谁又会攻击你呢？因此在你遭遇委屈和不公时，你最好反思一下自己是不是有什么做得不太得体的地方。如果有马上改掉它，不要因为不懂事的张扬而成了领导者诛杀的对象。

第五章

宽容谦让，是成就自己的第一步

吃小亏才能获大利，这也是一种感情投资

"以后遇到事要学会争，咱不能占人家便宜，但也不能吃亏！"相信很多读者都听过这样的"教导"。我们处在一个竞争的社会中，人心隔肚皮，善恶无人知，因此父母对我们如此的教诲从本质上是没有错的，无非是想让我们学会保护自己、照顾自己。

然而，从另外一个方面来说，这样的教诲也是有值得商榷的一面，因为它忽视了一个道理，那就是凡欲取之，必先与之，想要得到别人的回报，你就必须先要付出。因此有的时候吃点小亏也无妨，只有吃小亏，才能够让你获大利。

话说汉初三杰之一的张良原本是一个落魄贵族。像很多有点理想的富二代一样，张良除了空有一腔热血和远大的志向外一无所长。如果他就这样发展下去，很可能也就浑浑噩噩过完一生了，然而一件小事却改变了张良的人生轨迹。

有一次，张良到沂水桥边散步，走着走着看到了一位穿着很破烂的老翁。老翁在张良面前"不小心"把鞋掉到桥下，然后转过身傲慢地对张良说道："小子，下去把我的鞋给我捡上来！"

第一次见到求人还这么颐指气使的，张良一时觉得好笑，想看看老翁搞什么花样，于是便脱袜下水，把老翁的鞋子给捞了上来。可谁知，张良刚把鞋递给老翁，老翁却"一失手"又将鞋子掉到了桥下，然而又傲慢地命令张良去给他捡鞋。

这次张良有些生气了，他想一走了之，然而看看对方年迈的样子又有些于心不忍，于是便又把鞋给老翁捡了回来，并且还跪在老翁面前帮他把鞋穿上了。看到张良如此举动，老翁非但不谢，反而仰面大笑扬长而去。

遇到如此的怪事，张良一时呆在了当场，谁知正在他发呆时，老翁又折返了回来，赞叹他道："孺子可教也！"于是便约张良五天之后三更时分在此地再次相会，说罢离开了。张良对老翁的举动迷惑不解，但古人一诺千金，既然自己答应了老翁，到时就必然要按时赴约。

五天后，张良准时来到了桥上，然而没想到的是，老人已先他到来。一见张良便斥责他："为什么迟到，再过五天早点儿来。"又过了五天，这次张良天一黑就去桥上等候，不一会儿，老人姗姗赶来，并掏出一本书赠予张良说："读此书则可为王者师，十年后天下必定大乱，你用此书可以兴邦立国，十年后再来见我。我是济北谷城山下的黄石公。"说罢扬长而去。

老翁走后，张良赶忙翻看这本奇书，不看则已，一看顿时又惊又喜，原来此书正是天下人梦寐以求的《太公兵法》。而张良也正是靠着从书中所得的学识出山辅佐刘邦，在其灭楚争霸的过程中起到了不可磨灭的作用。

张良为何能够获得黄石公的赞扬和青睐，原因就在于他有着忍辱的精神和能够吃亏的品格。试想如果不是张良在黄石公一而再再而三的刁难面前选择容让和谅解，那么恐怕汉初的那段历史就要改写了。

张良在遇到黄石公的时候还是一个年轻的公子，这不正好与我们今天的年轻人一样吗？初入社会，我们也可能遇到我们的黄石公，那么能不能博得他的青睐，让他给我们带来锦绣前程呢？这就要看我们能不能吃亏了。

有一种说法叫做"吃亏就是占便宜"，从字面上来理解这句话自然是毫无道理，然而如果我们能够往深处挖掘这句话的另一个意思就能够发现，有的时候，吃亏还真的是占便宜。那么这另一个意思是指什么呢？就是指我们吃亏时给对方带去的亏欠心理。

从正常人的角度考虑，在一个人占了别人的便宜之后，总会或多或少产生一定的亏欠心里，会想着找机会报偿给对方。如果某个人总是吃周围人的亏，那么无形之中其实就是积攒下了大笔的人情资源。

因此我可以这样说，一个聪明的人应该善于利用这样的处世技巧，主动地吃些无大碍的小亏，以此来作为自己人情的投资。而一个人际关系通达的人，也必定是一个愿意吃小亏，不计较小得小失的人。

　　露西在一家公司做公关助理。从事这个行业不到两年的她为公司处理了大大小小十几起的危机事件，深得公司领导的器重，同事们对她也很是佩服。

　　有一次，有个客户因为不满意她们公司的服务直接投诉到了总经理那里。在经理办公室里，那个客户毫不留情地把露西臭骂了一顿。整个过程中露西没有说过一句话，甚至是客户说得很难听她也没有为自己辩护一次，不仅如此还主动帮口渴的顾客倒了两次水。

　　客户发完脾气走了之后，经理问露西为什么不为自己辩解，露西笑了笑和经理说："我的辩护只会让客户更加的生气。这样看起来是我挨骂了，但是我却赢了。"经理不解问："为什么是你赢了呢？"

　　"因为，我没有辩解，任他这样没风度地骂我，当他把心里的恶劣情绪发泄完了之后就会意识到自己的错误，进而出于对我的愧疚也会适当地减轻对公司的苛责。我只是挨了顿骂而已，却能够将危机化于无形！这难道还不算赢吗？"

　　果不其然，第二天一早，这个客户就主动打了电话过来，虽然没有直接向露西道歉，但话里话外都是歉疚的意思。末了不但承诺不追究对公司的不满，还和公司签订了新的合作意向。

　　看看露西的心态，再回想一下自己面对吃亏时的表现，读者是否觉得自愧不如呢？同样是初入社会的年轻人，露西用她的实际行动告诉我们，吃点小亏没什么，只要能够摆正心态，吃亏是能够变成占便宜的。

【职场常识】

　　冲突一样可以建立人脉。当在冲突中你选择谦让，尤其是在对方引发的冲突中你选择吃亏，其实也是赢得对方人情，构建人际关系的一种手段。

放人一马，免得他孤注一掷

读过《三国演义》的人都应该记得华容道关公放曹操这个章节，赤壁之战曹操大败，欲从华容道逃走，被关公逮个正着，横刀立马堵住曹操的去路，然而念及往日的恩情，关公最终让开了马位，曹操因此得以逃脱。

从这段情节中衍生出了一个熟语，叫做"放人一马"，意思就是在别人处于下风的时候不要赶尽杀绝，对他能够容让一点就容让一点。这个熟语我们用得多了也就不觉得有多么难以理解了，然而对于很多年轻人来说，则要好好理解它的含义。

为什么我非要强调让年轻人去理解呢？原因在于年轻人比较容易冲动，无论做什么事情都很少考虑后果，因此在情绪激动的时候就难保不会做出极端的事情，不想着给对方、给自己留余地。这样的做法从道理上讲没有错，但从情理尤其是处世上面就欠缺妥当了。要知道不留余地的做法很容易逼急对方。兔子急了还咬人呢！要是真把对方逼急了，逼对方做出过激的行为来，那恐怕我们就算胜利了，所付出的代价也会变得很大。

《潜伏》中就有这样一个逼急对方以致被对方反咬一口的情节。

保密局情报处处长陆桥山看不惯行动队队长李涯的张扬，于是想了一个怪招暗算李涯。他故意把情报透露给宪兵司令部的密探，而让李涯扑空。几次下来，李涯的任务执行得灰头土脸，在站里大蹙眉头。

如果说是看对方不顺眼，想给对方一个教训，那么陆桥山的目的已经到达了，然而他得寸进尺，想要再做一个局让李涯失势，但没想到的是被逼急了的李涯开始绝地反击，一个将计就计打得陆桥山措手不及，差点把自己给葬送，如果不是余则成从中斡旋，陆桥山说不定还真的被站长就地正法。

美国作家马里奥·普佐的小说《教父》被誉为男人的《圣经》。书中的内容虽然是关于犯罪和美国黑手党的，然而有很多东西是值得我们好好了解和思考的，尤其是老教父尼克·柯里昂在为人处世方面的哲学是绝对值得我们现在的年轻人学习的。

柯里昂曾说过一句话让我印象深刻，"如果没有必要，那永远也不要得罪任何人，永远也不要把他们逼上绝路。要知道，即便是这个社会最底层的人，只要他敢走极端，是一样可以报复那些身处高位上的人的！"这句话直白的为我们说明了一个道理，那就是得饶人处且饶人，如果把对方逼得只能孤注一掷的时候，那等待你的很可能也是糟糕的下场。即便对方会因为孤注一掷而付出极大的代价，但同样也可以给你带来伤害，这绝对是得不偿失的。

因此，凡事聪明的年轻人都明白放人一马的道理，尤其是在你已经取得了既定目的的情况下，是没有必要把对方"赶尽杀绝"的。放他一马，从现实角度来讲你什么也没有失去，但却可能为你积累下丰厚的人情资源，为你以后的人生道路奠定良好的基础。

1915 年，美国发生了历史上最激烈的全国性罢工，这场罢工持续时间达两年之久。在科罗拉多的一家钢铁厂里，愤怒的工人们要求管理者提高工资和待遇，削减工时。当时，负责处理这个棘手的事件的是钢铁厂的老板，洛克菲勒集团的少东家小洛克菲勒。

小洛克菲勒可以说是个彻头彻尾的富二代，没有过什么底层工作经验，因此派他来处理这件事，工厂的主管们几乎没人看好。然而，令他们意想不到的是：在这民怨沸腾，局面几乎失控的情况下，小洛克菲勒却渐渐赢得了罢工者的信服，慢慢稳定了局势。他是怎么做到这一点的呢？

原来，小洛克菲勒并没有像其他工厂一样采用暴力镇压手段来解决罢工，而是深入工人当中，他用了很多时间走访工人的家庭，尝试与他们结为朋友，并且及时向罢工代表发表了演讲。在演讲中小洛克菲勒声明他已经了解到了工人们的艰辛处境，但同时也让工人们体谅工厂的处境。他承诺一旦工厂的业绩有所好转之后立即会提高工人们的待遇，同时也答应不对带头闹事的工人进行处罚。

听到小洛克菲勒如此的表态，工人们的感情慢慢开始松动了，最终在经过几轮谈判之后，双方达成了谅解，一场来势汹汹的危机就这样被化解了。

我们试想，如果小洛克菲勒不是如此行事，而是采取强硬的方式镇压罢工，那恐怕无异于火上浇油，只会把局势弄得更加不可收拾。要知道，在当时很多的工厂里，因为工厂主对工人"赶尽杀绝"已经酿成了多次流血冲突，无论工厂主还是工人都损失惨重。

从小洛克菲勒的成功与陆桥山的失败中我们能够看出，无论你占不占理，无论你的优势有多大，都不要试图把对方赶尽杀绝，人在被逼得走投无路的时候是什么事都做得出来的。想想如果别人那么逼你，你会怎样去报复别人，你就能够明白自己如果把人逼到死角会有多么大的危险了。

因此，我要告诫年轻人，有的时候所谓的"一鼓作气"不是什么好事，须知为人处世要收放自如，得饶人处且扰人！

【职场常识】

万事留一线，以后好见面。所谓过犹不及，这个成语在处世方面尤其在人与人矛盾的处理上面是非常有意义的。和人进行斗争，我们都是有一定的目的的，不是为了致人于死地。目的实现了我们就已经胜利了，如果还不依不饶地穷追猛打，那只能让我们的胜利节外生枝，反而是一种愚蠢的做法。

记着别人的好处，忘掉别人的坏处

恩怨分明，这自然是我们追求的目标，然而在实际的生活中我们却会发现，很多时候恩怨不是那么容易就能搞得分明的。有的时候我们会受到别人的恩惠，有的时候我们也会被别人所伤害，面对这种情况，我们应该如何去做呢？

如果你是一个初入社会的年轻人，对于上面的问题你的回答一定是"恩必报仇必复"。但如果恩和仇同时出现在一个人的身上呢？那你又应该如何去处理呢？恐怕很多人就会陷入矛盾的纠结中了。其实处理这样的问题很简单，那就是记住别人对你的好，忘掉别人对你的坏。

有这样的一个故事：两个亲密无间的朋友相约出去旅行，当他们来到一座荒山时，在登山的过程中，有一个人不小心踩在了一快活动的石头上面，差点就跌下山谷，这时，他旁边的那个朋友眼疾手快，一把抓住了他，用尽全力把他拉了上来。被救的那个人非常感激，他在山上的石头上刻下了这样的一行字："某年某月某日，朋友某某救了我一命。"刻完之后，他们再次上路继续前行。

过来几天，他们又来到了海边，因为一件小事他们吵了起来，当初救人的那个人还打了被救的那个人一巴掌。被打的人自然非常愤怒，恨恨地在沙滩上写下了这么一句话："某年某月某日，好朋友某某打了我一巴掌。"

另外的一个人对他的举动很不理解。旅行结束之后，他就问那个人为什么要被救的事情刻在石头上，而把被打的事情写在沙滩上。那人回答说："写在石头上的字迹永远不会消失，我对他的感激之情就会永远存在；写在沙滩上的字迹会随着潮水的涌动和人们的踩踏而很快消失，我对他的怨恨也就无影无踪了。"

一个成熟的人看待恩与仇的心态就应该如此。行走在社会上，我们什么事都有可能遇到，有仇报仇、有怨报怨那是孩子气的做法。一个成熟的年轻人在进入社会之后，就应该很快从这种是非分明的心理中把自己"解放"出来，理智地看待来自于他人的恩情和冒犯。

有很多人会犯这样的毛病，别人对他有十个好，有一个不好，前面的十个好就被他全部抹杀。对于这样的人，我只能说他一辈子也成不了什么大事。

当你总想着别人的缺点和错误，当你记住了别人怠慢你的地方，那么这个人在你的眼中就会满身缺点，越看他越觉得不可理喻。然而我们要知道，别人就像是一面镜子，当你对它凝眉瞪眼，镜子反射回来的也是瞪眼凝眉，由此可以推断，你的人际交往是一定不会太好的。而做大事的人，没有好的人脉是根本不行的。

因此我们看到，但凡是能够做成大事的人，无不有着过人的胸怀。他们对自己有恩的人是一定要报偿的，而对于和自己有衅的人，又总是会选择原谅。比如我们熟悉的蒙牛集团老板牛根生。

牛根生是牧民的儿子，从小家境贫寒，从一个伊利集团的小工做起，一步步成了伊利的副总。因此他对于伊利集团的老总郑俊仁可谓是感恩戴德。然而正是这个被他称作"恩人"的郑老大，却在牛根生的人生中摆了他狠狠的一道——在牛根生事业如日中天的时候，郑俊仁将牛根生扫地出门。

然而对于郑俊仁的做法，牛根生虽然感到痛心但却没有怨恨。不仅如此，在随后伊利集团因为融资问题违法，郑俊仁锒铛入狱的时候，牛根生还主动凑钱送到为女儿学费发愁的郑家，帮对方解了燃眉之急。看看牛根生如此的行为，我们就可见其胸怀之宽广，待人之厚道。一个这样的人怎么可能不成事呢？

我建议要走入社会的年轻人，当你遇到一个人对你做坏事的时候先不要忙着报复，而是考虑几个问题：首先，他是不是故意的？其次，他是不是也曾经帮过你？最后，如果报复他你能得到什么？把这三个问题考虑好了，相信别人的坏处你也就慢慢忘掉了。

不要总是把眼睛放在别人的坏处上面，别人做的坏事他可能转身就忘了，而你却要耿耿于怀。这对别人接下来的人生影响不大，但却给你的心里增添了负面的情绪，这可就太得不偿失了。因此有人说，老是揪着别人的坏处其实就是在惩罚自己，因为这样做只能让自己整天生活在不快乐之中。而记住他人的好，让感恩时时装在心里，你才能成为这个世界上最幸福的人。

朋友之间，记住别人的好，就会拥有更多的朋友。夫妻之间，记住对方的好，放大对方的好，关系会更加融洽恩爱。家庭成员亲属之间，记住别人的好，这个家庭一定会其乐融融。

记住别人的好，拥有一颗感恩的心生活，远比记住别人的缺点、毛病，怀着一颗怨恨之心痛苦地生活要强上一万倍。既如此，我们为什么不记住别人的好呢？

记住别人的好，记住别人对我们的帮助，记住别人给予我们的温暖，并不是让我们去姑息、迁就和放纵别人，这样做其实是在温暖自己的心。让一些琐碎和怨恨远离我们，使自己的心更开阔。怀着一颗温暖之心生活，我们会活的更快乐、更踏实、更自信，生活也会像镜子一样，反射给我们更多的阳光和温暖。

因此，我们不妨记住这样一句古语："我有功于人不可念，而过则不可不念；人有恩于我不可忘，而怨则不可不忘。"相信会对你的处世之道有所帮助。

【职场常识】

人际交往，没有马勺不碰锅沿的，如果你永远都只记得别人的坏而不记得别人的好，那么你的朋友就将越来越少，你的人脉也将越来越差，而你的人生之路也将会因此变得越来越窄。

千万别戳别人的痛处

年轻人情绪容易激动，一激动就会做出不受控制的事，从而酿成无可挽回的后果。相信很多人对这一点都已经非常清楚了。在人与人交往的过程中，什么样的后果是最无可挽回的呢？那无过就是彻底交恶了。那么又是什么事能够让两个人彻底交恶呢？除了一些大方面的矛盾之外，在一些小事上的处理不慎也会造成这样的局面。这小小事之一就是戳到对方的痛楚。

《韩非子》中说："夫龙之为虫也，柔可狎而骑，然其喉下有逆鳞径尺，若人有婴之者，则必杀人。人主亦有逆鳞，说者能无婴人主之鳞则几矣！"这句话说地非常形象，谁都有不愿被人提及的痛处。想彻底得罪一个人，只要直奔他的痛处就好了，而如果想要拥有一个良好的人脉，就要事事小心不去触碰对方的痛处。所谓"打人不打脸，骂人不揭短"，但凡是成熟的年轻人，都应该懂得这个道理。

赵冬冬在某个国有企业里任部门主管，组里有几位女性老员工和她关系很好，几个人经常一起吃饭、出去玩什么的。后来公司来了几个新员工，其中有两个工作能力还不错，于是赵冬冬就趁着过中秋的时候带着自己的几个心腹，准备请新员工吃饭，大家互相了解了解。

在饭桌上，几个人说着说着就说到了一些工作的问题，结果其中有一个新员工就不小心戳中了赵冬冬的逆鳞。该员工是某名牌大学的毕业生，工作能力很强，进入公司以来的工作成绩一直是有目共睹，也正因为如此，她总是显得不可一世，说其话来总是特别的张扬。

在饭桌上，她竟然当着那么多人的面反驳赵冬冬的错误观点，原因就是因为前段时间新项目需要每天繁琐地检查，让这位新员工觉得太浪费时间，于是向赵冬冬提议建立一个数据库。因为赵冬冬对电脑不熟悉，所以就找来个借口把这个新员工的提议搪塞了，她说自己的电脑内存很小，装不了那么多数据。然而只要是用电脑的人都知道，内存和存储没有关系。结果该员工就偷偷地帮赵冬冬把数据库装好了，赵冬冬看到对方擅作主张本来有点不高兴，但想到是自己的错误，也就没有说什么。

这件事儿要是没人知道也就这么过去了，结果饭桌上这新员工的一席话，把原本没什么人知道的事给曝光了。听着大家的哄笑，赵冬冬的脸一下子就沉了下来。新员工没给她留面子，直接导致赵冬冬在那次事件后处处给她穿小鞋，这位初涉职场的新人才意识到自己的错误。

由这个员工的例子我们就可见揭短的效果了，如果你不想一进社会就成为令人讨厌的人，那就要时时注意这个问题，不要往人家可能的痛处去摸。要知道，无论你是有心还是无意，一旦戳中了对方的痛处，等待你的结局就肯定是悲惨的。

然而有人也许会说，"人心隔肚皮，我怎么知道别人的痛处在哪里？"这个问题确实存在，谁也不是谁肚子里的蛔虫，不可能完完全全地了解到对方有什么忌讳，那么如此又该怎样避免触碰到对方的逆鳞呢？针对于此，我建议读者在与人交往的过程中注意这样几个方面，只要把这几点做好了，虽然不能完全避免不经意间揭人短的情况发生，但至少能够将这样失误的几率降至最低。

第一，与人交往，尤其是与陌生人交往过程中，要尽量去了解对方，尤其是对于他的缺点和不足，一定要做到了如指掌。一般人的痛处大多都在他的缺点上，而如果能够了解到对方的缺点，不在日常生活中提及、触碰，就能在很大程度上避免揭人短的发生。

有一群人聚在一起聊聊，当聊天聊到最近热播的一部电视剧时，针对剧中婆媳争吵的情节，李二嫂随口说道："我看，现在的儿媳真是不知道好歹，不愿意和老人住在一起。也不想想以后自己老了怎么办？"话未说完，旁边的老马家儿媳马上站了起来怒声说："你说话干净点，不要找不自在，我最讨厌别人指桑骂槐！"原来老马家儿媳平素与婆婆的关系就非常紧张，最近刚从家里搬出另住。李二嫂无意中揭了老马家儿媳妇的短，就是由于不了解对方的缺点。

第二，与人交往要多说好话少说坏话。在待人处世中要多夸别人的长处，尽量回避对方的缺点和错误。要提好汉当年勇，不说对方昨日耻。

没有谁愿意让人提及自己不光彩的一页，特别是如果有人拿这些不光彩问题来做文章，就等于在伤口上撒盐，无论谁都是不能忍受的。

有一位很胖的姑娘，整天为自己的体重发愁，吃了不少的减肥药也不见效果，终于从某处谋得一个减肥偏方，吃了半个月略微有点见效了，心里正窃喜呢，谁知同事小王说道："呦！你可以啊！没几天就瘦了这么多了！可别再瘦了，再瘦我看着还真不习惯了！"听到小王的调侃，胖姑娘立即恼羞成怒，"我胖碍着你什么了？不吃你，不喝你，真是狗拿耗子，多管闲事！"小王一时愣在了当场，尴尬得无地自容。

第三，即便要指出对方的缺点，也要顾及场合，不要毫不忌讳地脱口而出。说话要分场合地点，这是年轻人最容易忽视的。同样是批评的话，面对面和他讨论与在人面前直斥其非所得到的效果肯定有着天壤之别的。

有一个部队要给战士们拍一部纪录片，然而没想到在拍摄时少带了一样道具，拍摄自然就无法正常进行了。看到这种情况，营长火冒三丈，当着全连战士的面批评连长说："你是怎么搞的，办事这么毛毛躁躁，要是上战场也装备不齐？"连长本来就挺难过的，可营长偏偏当着自己的部下狠狠批评自己，心里自然觉得大失面子，于是不由分辩道，"我没带是有原因的，你也不能不经过调查就乱批评！"营长一下怔了，弄不懂平时服服帖帖的连长怎么会这样顶撞他。

【职场常识】

社交虽然复杂，但也绝非无律可寻。我们看那些人际关系良好的人，他们其实都有着一套相似的社交技巧，不当面揭短碰触对方的禁忌就是其中重要一条。一个不了解这一点的年轻人就如同盲人骑瞎马一样，在社会上肯定是要栽跟斗的。

律人宽己没出息，律己宽人成大事

韩愈在其散文《原毁》中说过这样两句话："古之君子，其责己也重以周，其待人也轻以约。""今之君子则不然。其责人也详，其待己也廉。"他这两句话的意思是说古时候的君子，对待别人是非常宽容的，而对待自己则很是苛刻。而今天（韩愈所在的唐朝时期）所谓的"君子"则正好相反，他们对待自己的缺点和错误非常宽松，但却很喜欢苛责别人。

一千年前古人的话，今天我们读起来仍然感觉振聋发聩。人就是这样，总是喜欢用高于自己标准去要求别人，很少有人能够放低对别人的要求而反过来苛责自己，这恐怕也就是导致很多人都无法成为真正君子的原因。

在日本有这样一个传说，有位年轻人脾气非常暴躁，一言不合就会和人家吵得面红耳赤，最后总是与人扭打在一起。这样长时间下来，他在乡里的名声越来越臭，没有几个人喜欢哈他交往。年轻人为此非常苦恼，但却改变不了自己这身毛病。

这一天，年轻人无意中游荡到安国寺，碰巧听到一休禅师正在说法，听完后决定痛改前非，就对一休禅师说："师父，我以后再也不跟人家打架争吵了，免得人见人厌。就算是别人把唾沫吐到我的脸上，我也会忍耐地拭去，默默地承受。"

一休禅师说："就让唾沫自干吧，不要去拂拭！"

"那怎么可能？为什么要这样忍受？"

"这不是什么忍受不忍受的问题，你就当做是蚊虫之类停在脸上，不值得与它打架或者骂它。唾沫吐到脸上，也不是什么大不了的侮辱，微笑着接受吧！"一休禅师和气地说。

"如果拳头打过来怎么办？"年轻人问。

"一样呀，不要太在意！只不过一拳而已。"一休禅师微笑着说。

年轻人终于忍耐不住，举起拳头向一休禅师的头上打去，并问："和尚，现在感觉怎么样？"一休禅师非常关切地说："我的头硬得像石头，没什么感觉，倒是你的手大概打痛了吧！"

年轻人盯着一休禅师的双眼，久久没有说话，然后若有所悟地向一休鞠了个躬，转身下山去了。从此以后他改变了暴躁的性格，变成了一个待人谦和与人为善的人。

一休禅师可谓是个真正的君子，唾面自干这个成语虽非他原创，但却被他发挥到了极致。一个这样的人想要不被人认可和爱戴是绝对不可能的，年轻人想必也是从一休禅师的行为中悟到了这一点，由此才有所转变。

一个成功的人，未必绝对是一个受人欢迎的人，但一个受人欢迎的人，就必定会让自己的成功之路变得顺畅。在历史上我们不止一次的看到这样的例子，一个严于律人而一事无成的人在转变了心态，学着严于律己宽容别人之后，获得了越来越多人的认同，最终走上了自己的成功之路，晚清重臣曾国藩就是这样做的。

曾国藩又被我们称为曾圣人，其灭匪患、兴洋务之举都可谓是利国利民的好事，然而能够有如此大的作为，光靠他一个人而没有成千上万的湘军做追随者，没有朝中满汉大臣的支持也是做不成的，可是很少有人想到，曾国藩这成大事的资本一开始是他绝不可能拥有的。

早年是的曾国藩是个律己及严的人，他完全按照圣贤之书的标准来要求自己，而且，他还推己及人地对身边的朋友和同僚也如此的要求，这就导致了曾国藩早年的不得志。

在长达几年的被排斥之后，曾国藩慢慢开始领悟到为人处世的一些道理：人非圣贤孰能无过，如果总是以自己的严格标准来要求别人的话，那么就只能是"水至清则无鱼"。从此以后，曾国藩开始慢慢反省自己在待人方面的过错，尽量宽容别人的缺点而苛责自己。由此他才真正打开了自己的仕途之门，并一步步成了后来"扶大厦于既倒"的曾圣人。

严于律人这其实是最愚蠢的处世方法，因为即便你严格要求，对方也未必会照你的意思做出改变，这只能让你的人缘越来越差。因此但凡聪明的人，都不应该有如此的想法。对别人的缺点和错误，尤其是对别人的冒犯，只要是能够容忍就应该容忍下去。这样的人，才是一个别人喜欢的人，试想，有谁愿意面对一个自己稍微出一点小纰漏就上纲上线的人呢？

而严于律己则是我们应该要注意的，因为人一旦对自己严格要求，就能改掉身上很多不好的毛病，进而完善自己做人的方方面面。一个在为人处世方面总是能够自我完善的人，他也必定是一个处世得体、与人为善的人，这样的一个人在社交领域是肯定能够混得如鱼得水的。

一个女孩向她的好朋友倾诉自己同时爱上两个人之苦——身边的一个男孩儿对她很好，可是她夜夜魂牵梦萦的却是另一个。她问那好友倾诉道："我夜夜挂念他，是否应该去找他呢？"

令女孩儿没想到的是，她没有得到好友的开导，反而听到了一句劈头盖脸的斥责："你这属于脚踏两只船，不道德啊！"

女孩感到很委屈，她认为自己只是很挂念那个人，又没有非要做什么不道德的事，好友的态度实在是太恶劣了，她感到很难过，从此以后再也不敢向那个朋友倾吐半点心事了。

从道义上，女孩儿的好友没有错，但从情理上讲，她可就不该了。女孩儿的想法虽然过分，但毕竟只是一个想法，自己作为好友不应该上来就上纲上线，而是尽量予以开导，开导的效果再差也总不会比现在还差吧？

其实女孩儿的好友就是犯了严于律人的毛病，眼里容不得沙子，瞬间把女孩儿的错误上纲上线了，如此的好友试问又谁能够与之亲密相处呢？由此我们可见，无论出于何种目的，对待他人都要尽量宽容，宽容可以体现在多方面上，可以是对对方的理解也可以是批评对方的缺点，但无论是哪方面，都不要下意识的用自己的标准来苛责对方，否则你得到的恐怕就只有对方的厌烦。

【职场常识】

没有谁喜欢被人苛责，相信读者也不例外，己所不欲勿施于人。因此当你想苛责别人的时候，先想想同样的标准是否可以用到自己的身上。如果不行的话，那么就不要那样去做。

能捧场时就捧场，即使不能捧场也别拆台

从马来西亚旅游回来，当你正兴高采烈的和同事谈论马来西亚的美食时，旁边一个同事突然插话道："东南亚那伙土著人能有什么好吃的！"这时的你虽然不好当面与对方争执，但心中的厌恶之情恐怕也是一时挥之不去的。

准备参加公务员考试，你用模拟试卷测试自己，结果两门考了140的高分，当你满心欢喜地在饭桌上和朋友畅谈对考试如何有把握时，旁边一个朋友突然插话道："即便是考了满分又能怎么样？又不是正式考试！"这样的话一人耳，你心中对这个朋友的好感肯定就会霎时打个折扣，轻则当面争执，重则从此绝交。

没有人不喜欢风光，当登上高高的舞台时，无论是谁，其心中的兴奋与自得都是可想而知的。在这种情况下，如果有人将其舞台拆毁，使其重重地摔下，当面出丑，其心中的愤怒都是可想而知的。因此我们才说，在人际交往中最忌讳拆台，欲他人有得意之事时，能捧场要尽量捧场；即便是不能捧场，也不要去拆别人的台。

可能有人没有注意过这样一个现象，那就是但凡遇到结婚的车队，只要不是犯太大的交通规则，交警一般是不会找他们麻烦的。为什么呢？就是基于不能给人拆台的原则。

结婚车队是最容易犯交通规则的，别的不说，单说在车前扎的彩花就有很多会盖到车子的车牌，然而对于这种事，交警是向来睁一只眼闭一只眼的。因为，这些交警们明白，对于很多人来说，结婚可能是一生中最重要的事情之一，如果在这样的问题上给人找麻烦，很可能会与人结下梁子。我们的社会毕竟是一个人与人的社会，一个人想要混好社会，这种小事上的方便还是要尽量给予别人的。

　　我再讲一个事情、在古代，轿子的规格都是有品级的，多大的官才能用多大的轿子。轿子、住宅以至于衣服的样式，这一些列等级品秩都为了维护封建统治的尊严，无论哪朝哪代对这种品秩都抓得非常严。如果某人有僭越的行为，不管则已，一管就没有小事，想当年嘉庆帝杀和珅，用的最大的罪名就是逾制。

　　在清朝，亲王才能用八抬大轿，一个县官最多只能用两人抬的轿子，和珅却用了几十个人给自己抬轿，这自然是杀头的罪名。然而，我们还发现另一种现象，那就是民间结婚的时候，只要是稍微体面一点的家庭，都会给新娘用上八人抬的大轿子。难道他们就不怕逾制了吗？答案是不怕。为什么呢？原因是国家有规定，结婚是人生大事，这一天准许两个新人不受等级制度的约束，因此不止是轿子，在服饰、排场等很多方面，新人都是可以僭越的。

　　我讲这个事情的意思就是告诉读者，在古代，作为统治者的帝王尚且明白不能给人拆台的道理，我们作为一个初入社会的年轻人，就更应该遵循这一原则了。

　　那么有人可能会说，自己的性子天生就耿直，不会给人捧场、留面子。对于这样的人，我建议你在按捺不住自己拆台举动的时候最好选择转身离开。无论对于什么人，无论在什么场合，都不要把拆台的举动做出来，否则等待你的结局将会十分悲惨。如果不信，那么你可以看看我下边这个笑话。

　　明太祖朱元璋出身贫寒，他没发迹时做过和尚，曾四处乞讨为生。而在他做和尚之前，他还给人放过牛，在放牛的时候，他结交了这样两个朋友，一个巧舌如簧、处事圆滑；另一个则笨嘴拙舌、呆傻憨直。朱元璋成为皇帝后，这两个朋友得到了信息，因此相继赶来攀认叙旧，意图谋个一官半职的。

　　先到朱元璋身边的是那个憨直的朋友，他一见朱元璋便指手画脚地说："我主万岁！您还记得吗？从前你和我都替财主放牛。有一天我在芦花荡里，把偷来的青豆放在瓦罐里煮，没等煮熟，大家都开始抢着吃。你把罐子都打烂了，撒了满地的青豆，汤都泼在地上了。你只顾从地上抓豆吃，不小心把草叶送进嘴里，卡住了喉咙。还是我出了个主意，叫你把青菜叶吞下，才把卡在喉头的草叶咽进肚里去。"

朋友毫不留情的一席话说得龙椅上的朱元璋无地自容，在坐的文武百官也觉得十分尴尬，气愤难耐的朱元璋最后把脸一沉，厉声喝道："哪来的疯子，竟然敢当面污蔑我，给我押进天牢！"

　　紧接着没过几天，那个圆滑的朋友也来到了南京，他一见朱元璋纳头便拜，然后叙起旧来："皇上您还记得吗？当年，微臣随您骑着青牛去扫荡芦州府，打破了罐州城，汤元帅在逃，你却捉住了豆将军，红孩儿挡在了咽喉之地，多亏菜将军击退了他。那次战斗我们大获全胜。"

　　一番话语说得朱元璋脸上有光，周围的文武百官更是连连称道皇上当年的风光。对旧友吹嘘的那场战争，朱元璋当然心知肚明，但是由于他把丑事说得含蓄动听，又想起当年大家饥寒交迫有难同当的情景，心情激动，立即封这位旧友为御林军总管。

　　同样的一件事情，不同的人由于说话的方式而得到了截然相反的效果，这就是捧场与拆台的区别。有些读者自然会不齿于后者的行为，然而要知道后者只不过是说话含蓄一点，给朱元璋留了面子，并没有做什么丧失原则的事；反而是前者，如此的不谙世事相信即便不是朱元璋而仅仅是现在一个事业有成的小老板，也是不会待见他的。

　　由此我们可见，在踏入社会后我们要尽量学会捧场，如果实在学不会就学会不拆台。与人交往无论是说话还是办事之前都先过一过脑子，可能会让对方下不来台的话一定不要说，让对方丢面子的事一定不要做，如此才能够在与人交往中给人留下更好的印象。

【职场常识】

　　站在高处最怕摔，话说满了最怕亏。没有人喜欢总是当面拆他台的人。因此对于我们来说，做到不拆台，就是为我们的社交少去了很多不必要的麻烦。

以责人之心责己，就能少犯错误

苟责别人总是容易的，只需要一句上纲上线的话；苟责自己则是困难的，虽然连一句上纲上线的话都不用。但却仍有很多人做不到这一点，尤其是初入社会意气风发的年轻人。

为什么不能用责人之心责己呢？原因就在于对别人的苟责我们不需要考虑后果，但一旦苟责自己就必须实现反省、自责、改正等"一条龙作业"，这对于意气风发到有些自以为是的年轻人来说无疑是比登天还难的事情。然而，也因为它难才使得苟责自己显得更为重要。一旦一个人能够以责人之心责己，时时反省并改正自己身上的错误，那么我们就可以说他几乎已经敞开了成功之门了。

我给大家讲一个成功者责己的故事：

作为曾经的美国财经界的领袖，美国商业信托银行历史上最成功的董事长，乔哈特在同时曾兼任过几家大公司的董事。但很少有人知道，乔哈特成功之路的起点竟然非常的低。

乔哈特由于家境贫寒，因此接受的正式教育非常有限。他很早就在一个乡下小店当店员养家，后来还当过美国钢铁公司信用部经理，并一直朝着更高的权力地位迈进。

在谈到其成功的秘诀时，乔哈特说："几年来我一直有个记事本，记录一天中有哪些约会。家人从不指望我周末晚上在家，因为他们知道，我常把周末晚上留做自我检查，评估自己在这一周中的工作表现。晚餐后，我独自一人打开记事本，回顾一周来所有的面谈、讨论及会议过程。我会自问'我当时做错了什么'、'有什么是正确的，但我还能干什么来改进自己的工作表现'、'我能从这次经验中吸取什么教训'等问题。这种每周检讨有时弄得我很不开心，有时我几乎不敢相信自己的莽撞。但是随着我年龄越来越大，这种情况倒是越来越少，我开始意识到，是这种习惯让我完善了自己。因此在我的生活中我就一直保持这种自我分析的习惯，它对我的事业和人生的帮助都可以是至关重要的。"

其实不仅是乔哈特，很多成功者都有着自我检讨的习惯。他们对于身边的人可能十分宽容，但对于自己却非常严苛。但也正是这种严苛让他们养成了良好的工作及处世习惯。比如我们熟悉的成功学大师卡耐基，他就是这样一个不断自我检讨、自我完善的人。

相传，在卡耐基的私人档案柜里有一份特别的卷宗，在卷宗的题头上面写着这样一个奇怪的标题——"我曾经做过的那些傻事"。顾名思义，这就是卡耐基对自己行为的反省和记录。

在很多时候，卡耐基会口述自己犯过的错误让秘书加以记录，然而有的时候他所犯下的错误实在是过于严重了，以至于卡耐基都不好意思在秘书面前说出口，只好自己动手记下来。就这样积少成多，卡耐基的卷宗越来越厚，但他身上的毛病和所犯的错误就越来越少，最终他成了令世人瞩目的成功学大师。

我想问我的年轻读者们一个问题："你是希望自己的错误和毛病写在卷宗上时时拿出来反省呢？还是希望自己的错误永远的留在身上而给自己的成功之路增添障碍呢？"对于我这个问题，相信不会有读者选择后者。然而等到真的要面对自己的错误，要苛责自己的时候，很多人却变成了胆小鬼，这难道不是一件很矛盾的事情吗？

其实，没有谁是天生的责己者，放宽对自己的要求过分的苛责别人这是人的通病，那些如卡耐基的成功者不过是寻找到了克服这种心理的方法。那么有什么方法是能够让我们每个人都养成责己的习惯的呢？我推荐的方法是反省。

孔子曰：吾日三省吾身。这句几千年前的话至今读之仍然让我们觉得富含哲理，而在现实中，也确实有人将其奉为经典。曾经有日本的一家企业，他们在一天工作结束前的十分钟总是会让员工集合起来一起做一次"晚祷"，由老板领头朗诵下面几句话：

我今天八小时的工作，是否有偷懒的行为？

我今天的工作是否有任何缺点？

我对今天的工作是否尽了全力？

我今天是否说过不当的话？

我今天是否做过损害别人的事？

这种方式看似呆板，然而其实际效果却非常好。在这样的"晚祷"仪式中员工们逐渐养成了反省的习惯，在对待工作、同事和客户的时候变得越来越谦和，对于自己则变得越来越苛责。这种方法为公司培养了大批高素质、工作态度良好、工作效率高的一线员工，这家企业就是日本著名的保险公司——住友生命。

责己是完善自己所必不可少的过程，同时也是完善人际关系重要的手段。因为生活的经验告诉我们，但一个人处处苛责自己的时候，他待人的态度就会变得越来越宽容，得体的待人处事和宽容的心态。这样的人如果没有良好的人际关系那可真就是见鬼了！

因此我要说，以责人之心责己，是人际交往中的"润滑剂"，可以减少生活中许多不必要的摩擦和纷争。一个年轻人如果总是戴着有色眼镜看别人，一语不和就"针尖对麦芒"，那么一句话，一件微不足道的小事，都可能闹得不可收拾。这样的人，其人际关系就可想而知了，而没有良好的人际关系，他的成功就真是遥不可及了。

事实证明，一个人只要能跳出个人的圈子，才能真正做到严于律己。以责人之心责己，是为人处世最重要的原则。它的核心是强调反省，对事物的标准，要有一个从反省到领悟的过程，对是非的判断，要有一个尽可能客观公正的把握。一个具备这种高贵品格的人，他的成功自然就是水到渠成的了。

【职场常识】

你的成功在于你是什么样的人，而不是别人是个什么样的人。苛责是塑造一个人所必不可少的工具。如果一个人总是苛责别人，也就是说他无形之中就是在帮助别人完善自己，把别人往成功的路上赶，对于这样的人，我们除了说他傻还能说什么呢？

推功揽过，你的竞争对手也会敬你三分

《菜根谭》里面有这样一句话："完名美节，不宜独任，分些与人，可以远害全身；辱行污名，不宜全推，引些归己，可以韬光养德。"这句话的意思是，荣誉和功劳不要一个人独占，应该适当地分一些给他人，如此才不至于招来嫉恨，从而被人算计；不好的名声和责罚，不可全推给别人，自己也要承担几分，这样才可以保全功名，获得美德！

为什么我要先说上面这几句话呢？是因为我发现在我们初入社会的年轻人中有着这样的一种现象：很多年轻人功过心太过，对于功过的受众分得太清，有关于自己的功劳总是要独揽，不肯分给他人半分，对于身边的过失又总是推卸，将责任推得一干二净，不让自己身上沾一点的污点。对于这样的年轻人，我们不能说他们完全是错的，然而因为功过之心而忽视了处事的原则，那么即便是争得一时之功，也只会让前路变得更加艰难。因此推过揽功的行为说到底是不可取的，一个成熟的年轻人应该学会推功揽过。

某一个策划公司的项目经理，接手一个项目之后，在下属的同心协力之下，经过半年之久的努力，终于将这个项目顺利完成。项目交到上级领导手里，领导看后非常高兴，给予这个部门极高的表彰。这位经理很会说话，三言两语就把自己在工作中的努力与付出旁敲侧击地说给了领导。领导心领神会，认为此人有能力，好像没有此人，这项目就完成不了，所以许诺给他各种奖励。

领导赏罚分明，这本是好事，可是经理的话揽过了全部的功劳，这样一来，就显得下属们无关紧要；他们所做出的所有努力，也就为经理做了嫁衣裳。见到这种情况，下属们都非常的失落、失望、愤怒，感觉被人出卖了一样。私底下都说看透了经理；有的人气愤不过，还说不打倒经理绝不善罢甘休。

从此以后，该部门的下属不再像以前一样配合经理的各项工作，他们团结一致，向经理叫板。有人还向领导些匿名信，揭发经理在工作中的各项错误。经理的日子越来越不好过，只好拉下脸皮向下属们套近乎，但从此以后却再也没人买他的账了。

这位经理错在哪里？就错在不懂得推功揽过上面。我们上面说了，即便功劳都是你一个人的，也应该试着分一些给他人，以平息他人的嫉妒心理，就更不要说功劳本就是大家的了。这个经理一席话就抢夺了下属半年的努力，下属对他的愤恨之情就可想而知了。而在下属愤恨的情绪下，他领导的工作今后将会如何就可想而知了。

因此我们说，年轻人一定要学会推功揽过，如此的行为不但有利于团结他人，给他人留下好的印象，为自己积累下良好的人脉，还是在竞争环境下自保的一种重要手段。要知道，进入社会后，我们身边的人并非每个人都能够成为我们的朋友，有些人是以竞争对手的身份出现在我们的生活中的。对于他们，我们就更应该利用好推功揽过这个工具，团结他们、感化他们。一个面对竞争对手还能够推功揽过的人，是能够得到他们的尊敬的。

汉高祖刘邦在位时，他女婿张敖手下有一位叫田叔的官吏，非常懂得人情世故。一次张敖被人诬告谋反而被逮捕，刘邦颁下诏书说："有敢随张敖同行的，就要诛灭他的三族！"这时，张敖的手下纷纷躲避，唯有田叔认为张敖无罪，因此不计个人安危，打扮成一副奴仆的模样随张敖到长安服刑。不久，案情水落石出了，张敖无罪官复原职，田叔因为其忠心受到了张敖以至于众人的敬仰，刘邦也为其忠义而赞叹。

转眼二十多年，来到汉景帝的时候，田叔已经成为天下闻名的人物，景帝也因此任命他为鲁国相国。在汉朝，天子对于封国的国君是很不放心的，因此派出去的相国实际上就是去监视国君的，因此田叔与鲁王实际上可以说是敌人的关系。

鲁王是文帝的儿子，自恃皇子的特殊身份，骄纵不法，掠取百姓财物。田叔一到任，前来状告鲁王的百姓多达百余人。谁知田叔不问青红皂白，将带头告状的二十多人各打五十大板，其余的各打二十大板，并怒斥告状的百姓道："鲁王难道不是你们的主子吗？你们怎么敢告自己的主子?"

听说了田叔的所作所为，鲁王感到十分的惭愧，于是立即将王府的钱财拿出来一些交付田叔，让他去偿还给被抢掠的老百姓。但没想到的是田叔并不接受，对鲁王说："大王夺取的东西让老臣去还，这岂不是使大王受恶名而我受美名吗？还是大王自己去偿还吧！"

鲁王听了田叔的话，明白了田叔的意思，连连夸赞田叔聪明能干、办事周到。从此以后，鲁王改掉了飞扬跋扈的毛病，并待田叔为上宾。推功揽过，让田叔从一个为鲁王所忌惮、痛恨的监视者成了朋友。

趋利避害，这是人的本性。有好事总想是自己的，有坏事总想推给别人，这是人下意识的反应。然而成功者是能够通过反省来改掉这个毛病的，这也就是为什么成功者的人际关系总是要好于那些普通人的缘故了。一个不"吃独食"的人和一个宁肯撑死也不分些许给人的人哪一个更受人欢迎相信是不言自明的。

与"吃独食"相对应的是推卸责任，这和吃独食在本质上是一样的。吃独食，是不愿与人分享，是贪婪；推卸责任则是不愿承担后果，不敢承认错误，深怕自己受到伤害，是自私。贪婪和自私是相近的，一个吃独食的人遭人排斥，一个人推卸责任的人也同样会遭人排斥。因此对于一个有志于成功的年轻人来说，在与人交往中无论是"吃独食"还是推卸责任都是不可取的，要学会推功揽过，这样才能够在别人的面前，为自己树立起良好的个人形象。

【职场常识】

为了避免吃独食与推卸责任而破坏别人对你的好感和印象，最好的办法就是推功揽过。当你有功的时候与别人一起分享，当有错误的时候敢于承担，这样便不至于让别人失落，也让别人内心获得平衡。从而有助于润滑人际关系，建立个人威望，为你的成功铺就一条康庄大道。

第六章

能方能圆，是职场人必备的素质

偶尔做一下"出气筒"又何妨

相信很多读者都看过湖南电视台的《天天向上》综艺娱乐节目。在该节目众多的主持人中，钱枫是非常"另类"的一个。钱枫外表俊朗，性格也非常随和，他曾经在电视剧《恰同学少年》中饰演过萧子升这一角色，颇受观众们的欢迎和青睐。然而在《天天向上》节目中，钱枫却经常成为汪涵和"天天"兄弟们的"欺负"的对象，在节目中钱枫动不动就被大家拿来取笑。有一次节目中钱枫即兴模仿动物"鸵鸟"，搞笑的动作立即引来了大家的嘲笑，从此他就经常被叫出来做"鸵鸟"状满场奔跑。为了活跃气氛，有时他还要讲一些冷笑话来逗乐全场。

对于钱枫的遭遇，很多他的"粉丝"都相继起来鸣不平，然而大家也知道，他之所以成为"受气包""出气筒"，不过是节目的需要而已。

钱枫这样是因节目需要，然而很多有过类似经历的读者不禁要问，自己在现实生活中的"出气筒"角色，难道也是"节目需要"吗？

在现实生活中，类似钱枫的遭遇很多人都有过。尤其是初入社会的年轻人，最容易成为别人的"出气筒"。动辄被上级批评、别人犯了错自己却遭到责骂，有功让老同事冒领了，有了处罚却要自己被黑锅……这样的经历相信读者们都不陌生，这些难道也是我们生活中的"节目需要"吗？我告诉大家，答案是肯定的。

没人愿意当别人的"出气筒"，尤其是心气旺盛的年轻人。因此一旦有这种莫名的"厄运"降临到自己的头上，很少有年轻人能够抑制住心中反抗的欲望，老老实实地做别人的出气筒。然而我们必须明白一个道理，那就是人与人的交往不可能永远泾渭分明，当别人拿你当"出气筒"的时候大多正是他最气急败坏的时候，如果此时你贸贸然地硬顶上去，和对方铆上了劲，那么很难说不会产生什么样的后果。从道理上说，不愿做"出气筒"没什么错，但是从人与人交往的角度讲，有时做一做"出气筒"又是必要的了。

高原是某个企业的基层业务员。在他跑业务的时候曾经遇到过这样的一个客户，这个客户生意做得很大，因此公司有意和他开展合作，期盼他能够成为公司的一级客户。然而从"瞄准"这个客户以后，公司先后派了很多人前去洽谈，但每次都不欢而散。

这一次，公司之所以派高原去也只不过是抱着试试看的心态，而且因为高原刚毕业，对公司不了解，扔给他这样一块难啃的"硬骨头"他也不会说什么。

就这样，高原来到了客户家中。令他没有想到的是，刚刚进门做完自我介绍完之后他就被臭骂了一通："你们公司的人都是一群废物！废物！废物！还来干什么？"

高原一下子愣住了！不知道说什么了！看到张口结舌的高原，客户又将其刚才说过的话重复了一遍。这时高原忍不住了！想要转身走人，然而起身的一霎那，他想到了公司的形象和自己的前途，高原觉得应该为自己和公司争口气。

于是高原没有离开，而是平静但有力地回答说："先生，我认为你对我们公司可能有些误会。我礼节性拜访，你不应该这样对我。就算我们在街上偶然撞上，你也不会这样对待一个陌生人；更何况你我们还有可能成为合作伙伴了！你不应该这样对我。有问题说出来，时间变化了，情况变化了，我们一起商量，才有解决问题的可能！"

听高原的一番话，客户开始收敛起了脾气，他意识到了自己刚才的失态，开始心平气和地和高原谈了起来。在于高原洽谈的过程中，或多或少出于对刚才失态行为的愧疚，客户在很多方面都对高原给予了充分的让步。就这样这块"难啃的骨头"居然被高原这个新业务员给拿下了。

高原的成功与失败可能就在于他起身那一霎那间。那位客户为何生气我们不知道，但毫无疑问高原出现在他面前就被他当成了"出气筒"，把一腔愤怒全部撒到了无辜的高原身上。对于客户无礼的行为，高原固然可以选择反驳或者转身离开，但他却没有，而是选择继续当"出气筒"，并不失时机地寻找解释的机会，而也正是由此高原开启了成功的道路。

由此我们可见，无缘无故的被人当出气筒有时并不一定是坏事。虽然这滋味未必好受，但如果能够挺过去，帮助对方把气顺过来，很难说不会因此得到对方的感动和感激。而构成我们人际关系的重要要素不就是他人的感动和感激吗？

我举个例子，女朋友在公司受了委屈最喜欢的事情就是回来对男朋友撒气，此时男朋友最好的选择是什么呢？是针尖对麦芒地反驳吗？男朋友的正确做法是做好无声的"出气筒"，逆来顺受让女朋友把气撒完。如此一方面会帮助女朋友改变了心情，另一方面也会让女朋友觉得男朋友是真的疼爱她，生气过后对男朋友就会更加亲密了。

有些读者可能认为不是这样，那么我只能说你没谈过恋爱。不信你可以等下次你女朋友生气的时候试试看，非但不顺着她，还句句呛她，这样做可能会让你的形象在女朋友心中骤然下降几十个百分点，招致分手也是说不定的事情。

说到底男女朋友谈恋爱也不过是一种人际交往，是人际交往就应该有人际交往的准则，学做"出气筒"就是其中一条。只有能够适时的做好"出气筒"的人，才能够用自己的牺牲换来他人的感激，才能够为自己在他人面前赢得良好的印象。

【职场常识】

赢得人心最好的工具莫过于让人感激，让人感激最好的方法就是为人付出，而学做别人的"出气筒"就是感情付出的一种。只要不是完全不讲道理的浑人，在无缘无故把人当"出气筒"之后，都或多或少会产生一些愧疚和感激心理的。一个善于处世的年轻人就要学会利用这个道理，为自己赢得良好的人际关系。

救人先要能保护自己，不做无谓牺牲的莽夫

遇到有人溺水，我们当然要义不容辞地下水去救他，然而在下水之前我们是否要先考虑一下自己是否会水呢？同样的，在人际交往中，遇到别人需要帮助的时候，我们自然是应该提供帮助的，然而帮助的前提是首先要确保自己不被拖累。这并不是自私的表现，而是一个人成熟的做法。

年轻人急公好义，容易一冲动就奋不顾身，这本身不是坏事情，然而因为要帮助别人而把自己也搭上这就显得十分愚蠢了。所谓"君子达者兼济天下，穷则独善其身"，帮助他人的底线是先确保自己无恙。我们不能在别人的困难面前袖手旁观，但也不能做无谓牺牲的莽夫。

曾经看过这样一个小品，严顺开老师在小品种扮演一个老好人，无论是对街坊还是对同事都非常热心，总是喜欢不计代价帮别人的忙。然而，也正因为他的乐于助人引起了很大的误会，最终没帮成忙不说，还引起了街坊的误会，给让自己惹来了一身的麻烦，最终只能感慨世态炎凉。

在小品中，严顺开老师给街坊提供的很多帮助虽然说都是举手之劳，但却会给自己的生活带来很大的麻烦。面对这种情况，我建议大家最好的做法就是听之任之，让别人自己去解决，这样虽然显得有些冷漠，但却能够让自己免去很多麻烦。而且我们要明白一个道理，帮人忙是在别人要求我们援助而我们又有能力援助的情况下才好出手的。如果别人没有要求或者我们没有能力去帮忙，那么伸手反倒不如不伸。因为如果贸贸然伸手很可能不但帮不了忙还让自己也陷入尴尬的境地中去，严顺开老师在小品中的演绎就是我们很好的"模范"。

然而有些人会较真说见义不为总是不对的。这句话没错，但也分是

什么样的义。如果这义本身不是那么值得出手，我们其实是大可不必出手的。有些人还会说，出手又能怎样，即便是不能帮忙但也总不至于帮倒忙吗？其实未必，很多时候不计代价不考虑自身的帮忙，真的可能给对方帮上倒忙，非但得不到对方的感激，还可能在事后成为受埋怨的对象。

话说民国时候，四川的一个乡场上有两个袍哥因为某事结下了梁子，彼此扬言要给对方好看。其中有一个袍哥，他新认识一个重庆来的朋友，在吃饭时把这事说给了对方。重庆来的人一听朋友有事，又想两个人刚认识交情不深，就想趁这机会帮朋友个忙。于是连夜潜入了另一个袍哥的家中行刺，不想势单力孤被人抓了个正着。

被行刺的袍哥抓到了对方的把柄，立即来了劲头，将凶手捆绑着送到了大当家那里。大当家一见事情闹到这种地步自己脸上也无光，于是派人狠狠的责罚了另一个袍哥，并将凶手就地家法处置了。

另一个袍哥自知理亏，也不好对大当家说什么，不禁埋怨起那个不懂事的新朋友来。见大当家要家法处置朋友，他虽然于心不忍，但也没有说什么。就这样，这个重庆来的小兄弟还没弄懂怎么回事儿呢就掉了脑袋。

我们看，这个人就是典型的乱帮忙，他首先没征得袍哥的同意，其次不清楚对方到底有多大的实力，贸贸然为朋友"两肋插刀"，结果非但没帮上忙不说，还把自己拖下了水。而等到他需要朋友为他说句好话时，对方可就完全不理会什么情谊了。

我们在前面的章节中一再强调人际关系应该在互帮互助中推进，但我们也应该看到，帮助他人也是有技巧、有分寸的，一个不谙世事的年轻人如果不懂得这一点是很容易陷入盲目助人的误区，从而让自己陷入两难境地的。

而且，我还要提醒读者的是，在社会上也有这样的一些人，他们以要求帮助为名，实际上是想让别人为其"火中取栗"，用牺牲别人来成全自己，对于这样的人，我们也是应该十分警惕的。

小吴是个职场新人，刚刚进入工作单位不到一年。在平时大家对她都十分照顾，尤其是同事李姐，在很多方面都对小吴照顾有加，小吴也因此把李姐当成知己，对李姐十分相信，平时两个人无话不谈。

这一天，在回家的车上，李姐照旧和小吴聊着天，聊着聊着李姐就把话题拐到了公司的经理那里，然后就试探小吴对经理的看法。对于经理，小吴并不怎么了解自然也就没什么话说。然而李姐却关不住话匣子一样，不断说经理的坏话，说经理如何对同事们不好，甚至说经理几次都想在背后整自己。

听了李姐的话，小吴一时义愤填膺，愤怒之色溢于言表，这时李姐趁机说，如果不是因为自己是老员工怕上面以为自己是争经理的位置，自己就写投诉信告到上面去了。一听这话，小吴立即产生了为朋友"两肋插刀"的念头，当即拍胸脯说自己愿意出面。

事后不久，小吴就真的写了一封投诉信将经理告到了上级那里，结果自然是经理遭到了降职处分。趁这个机会，李姐爬上了经理的位置。而小吴则从此成了经理的眼中钉和办公室里的小人，没有人再愿意搭理她不说，原来的经理还时常给她穿小鞋。对于小吴的遭遇，李姐也并不放在心上，直到此时小吴才明白，自己原来做了"火中取栗"的猫，被李姐当了枪使。但后悔也没有办法，只要在同事们的白眼中黯然辞职。

小吴错在哪里？就错在不应该随便为"朋友"帮忙上面。我们很多初入社会的年轻人可能都曾遇到过这样的需要帮助的"朋友"，而如何能够避免小吴的悲剧不在自己身上上演呢？关键就在于分清楚帮忙的分寸，千万不要因为帮别人而牺牲自己。

【职场常识】

行走社会，自保永远是第一位的，即便是想要帮忙，也得有那个实力才行。一个年轻人如果自身都难保，却要为别人"两肋插刀"，那么结果就只能是落入尴尬的境地而无法脱身。

春风得意别尽欢，小心你身边的失意人

古语说：春风得意须尽欢。人生不如意事常八九，因此好不容易有了得意事，自然要让自己尽情享受了。这句话本身没错，然而很多人忽视了一个问题，那就是在你得意的时候，你身边还有一些失意的人。

当你因为得意而尽欢的时候，你同时也应该想想失意者此时看你的心情，他们是否会因为你的尽欢而对你产生嫉妒心理，以致在心里对你埋下厌恶和仇恨的种子呢？因此我要说，即便是春风得意也不要尽欢。

贾振晚上约了几个朋友来家里吃饭。这些人都是他以前的好友，大家经常不定期聚会，谁有什么事大家也总是义不容辞。这一次，贾振把大家聚集在一起主要是想借着热闹的气氛，让一位目前正陷于情绪低潮的陈恒心情好一点。

陈恒不久前因经营不善，不得已将公司关闭；而他的妻子也因为不堪现在的生活压力，正与他谈离婚的事。内忧外患，陈恒现在非常苦恼。

朋友都知道陈恒目前的遭遇，因此大家都避免去谈与事业有关的事，总是说些国家大事、花边新闻什么的，意图能够帮陈恒开解开解。可是在做有一位朋友因为当时赚了很多钱，酒一下肚，忍不住就开始谈他的赚钱本领和花钱功夫。那种得意的神情，贾振看了都有些不舒服，正处于失意中的陈恒更是低头不语，脸色非常难看。一会儿去上厕所，一会儿去洗脸，后来就找了个借口提前离开了。

陈恒离开时，贾振送他到巷口，他拉着贾振的手很生气地说："他会赚钱也不必在我面前说嘛！"从此以后陈恒就在心里埋下了对那位朋友的不满，处处与他作对。

我们设身处地的想一想，如果我们是陈恒，怎么可能不对那位春风得意的朋友有意见呢？如果想避免让自己的朋友成为敌人，让自己变成

到哪儿都不受欢迎的人，就应该学会低调，不要太炫耀自己的得意，尤其在失意者的面前。

而且我们知道，当一个人得意的时候，他的警惕性和处事原则会瞬间出现削弱的情况，他此时的所作所为最能"暴露"真实的"自己"。因此，很多人在得意的时候，会自鸣得意，忘乎所以地说些埋在心底的话，也因此很多人使自己陷于难以自拔的困境。

在 2007 年澳大利亚总理竞选中，有一位候选人是最为政坛认可的。在当时几乎所有的党派都认定他能够成为最终的总理，因此在提及他的时候都冠之以"未来总理"之名。这个人的就是布洛戈登。

然而，在即将登顶政坛的时候，布洛戈登却因为得意忘形而失去自我，他到处得罪人，最终还触犯了法律，不但政治生命从此结束，甚至还差点自杀。

2005 年，在某个选战的前夕，布洛戈登去参加一个酒会。因为他多年的政治对手决定退出竞争，所以高兴的布洛戈登一口气喝了六瓶啤酒。被酒精冲昏了头脑的布洛戈登开始得意忘形，他当众笑称对手巴尔的马来西亚裔妻子是"邮购新娘"。

布洛戈登的话经过媒体渲染立即引起了轩然大波，他的竞争对手巴尔后非常不满地说："我没法接受他的道歉，因为他的话不仅深深伤害了我的妻子海伦，而且也刺伤了跟我妻子一样背景的其他公民。"对此，澳大利亚总理霍华德也对布洛戈登发出了强烈的谴责："那样说真是大错特错了，我跟海伦娜熟悉，她是一个非常大方热情的人，那样的言论怎么也不应该说。"

后来，布洛戈登在记者招待会上对自己酒后的言辞表示道歉，迫于压力，他不得不辞去自由党党首一职。这个本有着大好前程的候选人因为太得意造成了自己在酒会上的超常失态，失去了成为澳大利亚总理的机会。

波兰作家亨克利曾经说过，"最没有防备的是打胜仗的人。"因为他们正处于志得意满的时候，绝不可能对人有所防备，这也就是很多人为什么骤然间"泰极否来"、"变喜为忧"的原因了。

我们必须懂得一个道理，在现代人际交往与竞争中，充分发挥自己潜能，表现出自己的优势，是适应挑战的必然选择。但是，这与春风得意后的张扬决不可同日而语。因为竞争而表现自己要分场合、方式，而春风得意后的张扬则总是会显得刺眼，让那些失意人感觉到讽刺。

比如有些人在事业上取得了些许的成就，高兴之余免不了要向朋友、同事炫耀一番。取得成就原本是件好事，但是如果你在失意的朋友和同事面前炫耀，就难保他们不产生陈恒那样的想法。失意的人最脆弱，也最多心，你的谈论在他听来都充满了讽刺与嘲弄的味道，让失意的人感受到你"看不起"他。就这样你尽情享受了春风得意的快感，却因此失去了很多的朋友。

因此我要告诫年轻人，那些真正聪明的人，即便是在得意之时，也只是心张扬而神不张扬，不给对手以可乘之机。如果你时常会自鸣得意，那就要好好学一番涵养的功夫了，多一点谦虚，少一些自我炫耀。面对人生的起伏，学会宠辱不惊，尤其是得意之时不忘形，那才能赢得所有人的喜欢，迎来自己的下一个辉煌。

所谓乐极生悲，其中重要的原因就是你的欢乐让别人看着刺眼，进而想要给你点"教训"让你学会低调。对于这笔"学费"，很多不谙世事的年轻人都交过的。如果我的读者们不想和他们一样付出无谓的代价，就首先不要去做那些无谓的事。因为春风得意，你已经获得了实惠，就不要去追求那尽欢所能带来的些许虚无缥缈的快感，如此才能够让你的得意更长久，让你的人脉更稳固。

【职场常识】

与人交往最大的原则莫过于设身处地为人着想，当我们处于失意面对得意人感觉到郁闷和讽刺时，就应该想到别人在我们得意的时候就有着同样的情绪。如果不想成为连我们自己都讨厌的人，那么就应该从这一点做起，尽量做到春风得意不尽欢。

"厚"脸皮往往是心理素质好的表现

脸皮像城墙，这向来是我们嘲笑一些人圆滑世故、没有原则的话语，然而在这里我要告诫即将走入社会的年轻读者们，其实有些时候这句玩笑话却并非玩笑，在进入社会后有时我们还真得把脸皮练"厚"。

当然，我指的厚脸皮并非是没有原则、老于世故，而是要耐得住羞辱和讽刺。年轻人脸皮薄、要面子，因此很容易在别人的刺激下失去理智，进而做出一些令自己追悔莫及的事情来。而如果能够将面子暂时放下，让脸皮厚一点，不让自己的情绪为别人所影响，就能够避免这类事情的发生，因此我要说在某些特定的时刻，让脸皮变厚非但不是没原则，反而是成熟的标志，是心理素质好的表现。

朱文西是个推销员，他性格比较内向且有些自负，因此脸皮很薄，对于别人的为难总是会不知所措。然而我们都知道，推销员的日常工作就是与各种难缠的人打交道，不可避免的要遇到各种各样的情况，伤自尊也是在所难免的。因此朱文西在一开始的业绩就可想而知了。

刚刚参加工作一个月，朱文西一笔单子都没做出去。无论去哪儿，无论推销什么产品，他总是会碰钉子。为此朱文西非常苦恼，他渐渐开始觉得是自己能力有问题，不是干推销这块料，于是便产生了打退堂鼓的念头。

这时，一位热心的老业务员来到了他的身边，他对朱文西说："你的问题不是在能力上，而是脸皮太薄，受不得别人的刁难。要知道我们这行就是靠着脸皮混饭吃的，什么时候你的脸皮练厚了，你也就成功不远了。"

听了前辈的话，朱文西决心试着改变自己，从那以后无论碰到什么样的刁难，朱文西都强迫自己抑制心中的委屈和愤怒，赔着笑脸面对顾客。就这样三个月过去了，朱文西的面子薄、受不得刁难的性格已经成了历史，而他的业绩也随着脸皮的厚度而一路飙升了起来。

今天，朱文西也成了推销界的老前辈，在教育新人的时候他会把自己的亲身经历讲给大家。他说："人要讲自尊，这没有问题，关键是看自尊用在哪儿。干我们这行的，你太自尊就甭干了。有人说我脸皮厚，这话不假，但这也是练出来的。用户是上帝，你要他买你的东西，你就不能当'大爷'，必须学会当'孙子'。人家给脸色，咱们不理不睬装作没看见不就得了，该怎么和他沟通还怎么沟通，想法子使他掏腰包，反正不达目的誓不罢休。如果你整天就想着脸面，那你肯定是一笔单子也做不成。"

想想看，有谁的成就是天生掉下来的？有谁的朋友是自己来到身边的？不都是通过个人争取所得来的吗？我们的社会是一个互动的社会，在这个互动社会中，你所能够取得的成就来源于你的能动性。就像是要进入舞池跳舞一样，如果你想要寻找到好的舞伴，就得豁出面子先下舞池表演一番。如果你因为面子薄连舞池都不敢下，那么等待你的命运就只能是看别人尽情地表演了。

而且年轻人还要明白这样一个道理，作为社会的新人，在很多时候你是需要别人的帮助的。在这种情况下如果你因为脸皮薄、抹不开面子而逡巡不前，那你能够得到的帮助就只能是靠运气了。

因此我说，年轻人就应该学着让脸皮厚一些，放下清高的架子走到社会中来，遇到想交往的人就大大方方地去结识，遇到需要请求别人帮忙的地方就大大方方地提出来，遇到别人刁难而没面子的情况就大大方方地一笑了之，只有这样才能够为人所看重、欣赏，进而为自己积累下良好的人脉。

在某本文摘杂志上，我曾经看过这样一个故事，现在我将它讲给大家：

他貌不惊人，毕业于一所名不见经传的地方院校，而且只有大专学历，可是在满满一屋子来自各名牌大学、有着硕士头衔的应聘者中，他的表现却让人以为他是个哈佛留学生。

尽管他很自信，可是面试官还是很快掂出了他的分量：他在专业能力方面并不能胜任这个职位。他的求职申请被拒绝了。

这位应聘者在得知自己已被淘汰出局后，脸上露出了一点失望、尴尬的神情。可是他并没有马上离开，而是起身对面试官说："请问你能否给我一张名片？"

面试官冷冷地看着他，因为从心底里对那些死缠烂打的求职者缺乏好感。

"虽然我无法成为贵公司的员工，但我们也许能够成为朋友。"他坚持着。

"哦？你这么想？"

"任何朋友都是从陌生人开始的。如果有一天你找不到打网球的搭挡，可以找我。"

面试官看了他一会，掏出了名片。我就是那个面试官，朋友们都很忙，我确实经常为找不到伴儿打球而烦恼，后来我和他也就成了朋友。

有一天我问他："你不觉得你当时所提的要求有点过分吗？要知道，你只是个来找工作的人，你凭什么？"

他说："我什么也不凭，我只知道一点，人与人之间是平等的。什么地位、财富、学历、家世对我来说都没有意义。"

我笑了，笑他的迂腐，笑正是这种迂腐给了他勇气。我说："如果我根本不理会你，那你怎么下台？"

"其实人最怕的不是失败本身，而是失败以后的尴尬。很多人不敢去做一些本来也许可以做成的事，就是害怕丢脸。可是真正丢脸的不是失败，而是甚至不敢想像失败。其实很多事情都是从尴尬开始的，包括交朋友。"

他接着说："大学的时候我曾经非常喜欢一个女孩儿，可是几年时间里我只敢远远地看着她。我怕被拒绝。我担心如果向她表明心迹，她会用一种冷冷的眼光看着我说'你也配这么想？'如果这样我会无地自容。就这样，我被自己的想像吓住了。后来我偶然得知，她以前一直对我很有好感。我错过了本来属于我的幸福……"

"从那以后，每当怯懦、退缩的念冒出来时，我都会拿这件事来告诫自己，不要怕可能会出现的任何尴尬。否则，我还是会一次次地错过。"

"你相信吗？我现在已经敢于迎向一切了。不管前面是一个吸引我的女孩儿，还是某个万人大会的讲台，我都会迎上去。虽然我的心在怦怦的乱跳，虽然我知道自己可能还不够资格。"

这个故事的主人公很好地为我们诠释了一个年轻人从不适应社会到成为社会的主人的"进化"过程。作为刚刚走出校门的年轻人，我相信我们当中很多人会因为脸皮薄而对社会有着种种的不适。然而要知道，只有人适应社会的道理从没有社会适应人。因此年轻人，学着让自己的脸皮厚一点吧！如此你才能够真正地融入社会。

【职场常识】

一个扭扭捏捏的人和一个大大咧咧的人站在我们身边，我们更喜欢与谁交往呢？毫无疑问是后者！仅仅从这一个简单的问题上就能够看出脸皮的薄厚对于人际交往的重要性。因此对于年轻人我要说，放下你的面子，你的薄脸皮没那么值钱，让它变厚一些，反而更能体现出它的价值。

不要排斥"功利性"朋友

一样米养百样人。也许在学校这个象牙塔中，我们所结识的都是些和自己意气相投的知己，然而到了社会上，我们就难以避免地要接触到很多我们不那么看得上的人。对于这些人，很多人的选择是敬而远之。但是，我必须告诉你，这种方法其实是非常不可取的。我们身边必须有那些交心的知己，但也应该有一些不那么交心但能够在某方面给我们以帮助的熟人，如此才能够保证我们的社会之路更加顺畅。

俗话说一个好汉三个帮，没有谁能够完全靠自己一个人获得成功。任何成功者都需要很多的朋友来帮助他，尤其是在面对一些自己无法解决而对于其他人不过是举手之劳的问题时。那么我们不禁要问，这些成功者怎么会这么幸运，在每个可能出现问题的领域都有朋友在呢？答案是否定的，并不是这些领域有他们的朋友，而是他们故意去结交一些不同领域的人，也就是说他们结交朋友并非完全是按兴趣和喜好，很多时候他们也会带有功利心去结交一些完全是为了"有用"的朋友。

功利心按字面理解不是什么好词，然而我们必须明白，没有谁是完全没有功利心的。只要不超越道德和法律，带有一些功利心去为人、去处世并没有什么错。再说人与人的交往本身不就是一个功利的过程吗？

人为什么需要与人交往呢？人际关系心理学家认为，尽管每个人具体的交往动机各不相同，但最基本的动机就是为了从交往对象那里满足自己的某些需求。实际上，人际交往中的互惠互利也是合乎我们社会常理的。如果这样你还不理解，那么我再举一个烂熟的例子：朋友的朋字在古代就是货币单位的代表，因此从我们文化的根源中就认同了人与人交往中功利的一面。

我曾经在一个访谈节目中看过这样一个父亲，他和妻子只是工薪阶层，家里经济条件只能说一般，但却花了很多钱把自己的儿子送到了私立学校。在学校中儿子无论是学习还是其他方面都一塌糊涂，但父亲就是不让孩子退学；每个月还大笔大笔的给孩子寄钱，自己和妻子则节衣缩食，连件像样的衣服都舍不得买。

对于父亲如此的举动，包括主持人在内的很多人都感到莫名其妙，因此纷纷质疑，然而父亲的一席话却表明了自己的"良苦用心"。原来父亲认为能够在私立学校上学的孩子，他们的家庭非富即贵，因此他把自己的孩子送到私立学校中去并不指望他能够有什么太好的学习成绩，而是想让他在成长的过程中结识到一些"有价值"的朋友，以便在随后的人生道路上给他以帮助。

对于这位父亲如此的行为，很多人可能会感到不耻，然而换个角度考虑，如果孩子真能因此结识到一些有价值的朋友那也不失为一种成功。有谁不望子成龙呢？然而既然自己的孩子没有成龙的本事，那么就让他去结识一些可能会成龙的人，到时借别人的顺风把自己也带起来也不失为一种远见，由此可见这个父亲的行为是无可厚非的。

我之所以讲这个故事，目的并非是要读者学着变得功利，而是要告诉初入社会的年轻人，刚正不阿也应该有从权的考量。有的时候功利性的去结交一个人明显能够让你抄一个大"近道"，你也不要去梗着脖子非得绕远，这就不是耿直而是愚蠢了。而且我们必须明白一个道理，那就是与人结交不光是为了成功，有时也是为了自保。

汉元帝时有个著名的大臣名叫石显，他为人非常刻薄，但却很有心计，因此一时混得如鱼得水。在那时有个德高望重的老臣萧望之，他是石显的宿敌。两个人经常在明里暗里争斗，而争斗的结果又总是石显获胜，这样慢慢地萧望之因心中积愤自杀了。萧望之是当世名儒，他的死引来了朝野上下议论纷纷，大家都说是石显陷害致死。

此时，石显已任中书令，他听到这种议论，胆战心惊，担忧天下儒生群起而攻之，就想出一个计策。这一天，他来到一位经学名家的家中，此人名叫贡禹，以博通经义、品行高洁而闻名当世。元帝初即位，征为谏大夫，多次向他询问政事，虚心听取他的意见。贡禹鉴于连年歉收，郡国贫困，朝政腐败，曾几次上书抨击朝廷奢侈，建议元帝选贤任能、诛奸邪、罢享乐，这些建议多被元帝采纳。因此朝野上下都非常仰慕贡禹，天下人都乐于同他交往。

石显要结交贡禹，不是因为贡禹提出的建议利国利民，而是要借助贡禹的盛名，来掩盖自己的罪责。石显登门拜访，贡禹不便拒绝，只好虚与委蛇。为了讨好贡禹，并表明自己为国荐贤，石显多次在元帝面前称赞贡禹的美德，又荐举贡禹为光禄大夫。后来御史大夫陈万年去世了，石显又荐举贡禹继任。

这么一来二去，在天下人的心中，石显就和贡禹走在了一起。许多人都认为石显能如此荐贤举能，怎会嫉妒、谗毁萧望之呢？贡禹虽多次上书元帝建议诛除奸佞，但却无一次涉及宦官、外戚，这分明是贡禹以此表示对石显荐举自己位列三公的感激之情。

石显是个聪明人，他懂得不以个人好恶去确定人脉，因此才能够在天下人的口诛笔伐中保全自己。我不提倡我们现在的年轻人像石显一样恶毒，但我却提倡我的读者应该有石显一样的智慧。

我们有句老话说："好风凭借力，借梯能登天。"自古以来，凡是能够成就大业的人，身后必定有人能够鼎力相助，而如何能够寻找到帮助自己成大业的人呢？就要靠敏锐的目光和带点"功利"的人际心态。

【职场常识】

想想看你电话本中有几个是和你完全意气相投的，再想想看你电话本中有几个朋友是"价值连城"的，把两者比较一下你就会发现，其实很多时候有些功利地去结识的一些不那么要好的朋友反而对你的事业帮助更大。

角色做事，本色做人

"人生如戏，全靠演技"，这句俏皮话我已经不记得从哪儿听来的了。话虽然俏皮，但道理却很实在，如同别人说的那样，我们每天清晨起来都给自己带上不同的面具，扮演一个自己完全不喜欢的角色，至于"票房"怎么样，就全看自己的"演技"了。

谁都想做真实的自己，然而又有几个人能够做到呢？刚刚毕业的年轻人立志不为社会习气所沾染，梗着脖子做真实的自己，但最终哪一个不是被现实撞得头破血流的呢？真实的生活就是如此，它需要我们经常放下自我，扮演起适当的角色。而只有把应该扮演的角色扮演好了，才能够最终获得社会以及他人的认可。

我们熟悉的钱钟书先生，他是一位难能可贵的人才，是名符其实的学问大家，然而就是这样的学问大家，在十年动乱的年代却放弃了自己的学问，本本分分地钻研起毛泽东诗词来了。

十年动乱刚一到来，钱钟书便谋得了一个毛泽东诗词编撰委员会工作人员的职位。说是工作人员其实不过是做一些摘录、抄写的工作。然而就是这个工作，钱钟书却做得一丝不苟。为什么钱老要屈尊担任这应该留给中学生的工作呢？原因就在于这个职位能够让钱老免于政治风波的迫害。一说是给毛主席摘录诗歌的，那还有谁敢批斗他呢？钱老也正是因此幸免于难，在昔日老友一个个被打倒、被批斗、被送进牛棚之时，依然可以安然无恙。

第二次世界大战期间，德军大举进攻苏联。由于战争准备不足，苏军全线溃退，德军长驱直入，兵锋直抵莫斯科。在国家生死存亡的时候，曾在国内战争时期驰骋沙场的老将军们，如铁木辛哥、伏罗希洛夫等首先担起指挥抗敌的重担。

然而廉颇毕竟老矣，面对新的战争形势、新的武器装备和战略战术，老将们渐渐感到力不从心，指挥上错误频出，战争形势未见好转。在这危急时刻，一批青年军事将领担任起了第二梯队。他们当中的佼佼者如朱可夫、华西列夫斯基、什捷缅科等相继脱颖而出，站到了指挥第一线上。

　　面对这种"长江后浪推前浪"的形势，老将军们的思想开始起了波动。正在此时，铁木辛哥元帅接到一项命令，要他去波罗的海协调一、二方面军的行动，而新近成名的什捷缅科则作为他的参谋长同行。什捷缅科当然知道老元帅们对自己有情绪，然而命令终归是命令，他也只能服从。

　　两个人刚一在火车上碰面，一场不愉快的谈话开始了。铁木辛哥先发出一通连珠炮："为什么派你跟我一起去？是想来告诉我们这些老头子应该怎么打仗吗？我看是来监督我们的吧？白费劲！你们还在桌子底下跑的时候，我们已经率领着成师的部队在打仗，为了给你们建立苏维埃政权而奋斗。别以为你军事学院毕业了就自以为了不起了！革命开始的时候，我在前线浴血奋战，那时候你才几岁？"这顿教训，已经近乎侮辱了。

　　然而什捷缅科却并不以为意，他像一个秘书一样，一一地回到了老帅的问题："那时候，我才刚满十岁，不过已经能够上桌吃饭了。"接着他又平静地表示对元帅非常尊重，准备向他学习。铁木辛哥最后说："算了，外交家，睡觉吧，时间会证明谁是什么样的人。"

　　应该说，"时间证明论"是对的。在两个人工作了一个月之后，一天铁木辛哥突然说："现在我明白了，你并不是我原来认为的那种人。我曾想，你是斯大林专门派来监督我的。"后来什捷缅科被召回时，铁木辛哥心里很舍不得和他分离。又过了一个月，铁木辛哥亲自向大本营提出要求，调什捷缅科来共事。

　　什捷缅科是来做什么的呢？当然是来监视铁木辛哥元帅的。但如果他直接把自己监视者的身份亮出来会怎么样呢？结果自然是碰一身的没趣。在这种情况下什捷缅科选择把秘书这个角色演好，而最终他高超的演技也帮助他完成了使命。

　　为什么我们要演戏呢？就是因为我们无法以"真面目"示人。那既然演戏就要把戏演好。一个懂得演戏的年轻人会是一个适应能力超强的年轻人。而一个演技高超的年轻人，最终是能够结交朋友，麻痹对手，解决问题，获得成功的。

我再举一个例子，进入职场之后，很多人会发现，自己的上司根本就是个"白痴"，他在很多方面的指挥都是失当的，处理具体工作的能力更是差得一塌糊涂。在这种情况下，大家就不免对其产生轻视的心态。然而，我问你一个问题，在遇到一个他固执己见而你能够指出他错误的问题时，你应该直言不讳的说出来吗？如果你说答案是肯定的，那么我只能告诉你等待你的下场将会非常地悲惨。

在此时，他固然是一个"白痴"，但你的角色是他的手下，是听命于他的人，你只能表现得比他还要白痴。只有如此才不至于让他对你产生不满，而得到他的信任之后你才有机会对问题进行修正，甚至于用一些巧妙的办法说服他。否则的话，你贸贸然指出他的错误会让他感觉到面子受损，这非但无异于问题的解决，还会让他对你怀恨在心。两厢比较，还是前者比较明智一些。

没有人是"白痴"，但是生活分配给我们的角色如果是白痴，我们也只能将其演好。演好了白痴，你才有机会扮演天才。

【职场常识】

角色做事，本色做人，这是我建议读者必须记住的一句话。只有摸清自己的角色，并在此基础上把自己的演技发挥到极致，你才有可能获得出演更高层次角色的机会。

该闭眼的时候就闭眼，学做办公室里的猫头鹰

　　萍萍是新毕业的大学生，通过应聘进入了一家公司做文员。然而仅仅工作了不到一个月，她就犯下了一个非常低级的错误，弄得自己非常的尴尬。

　　那天是一个周末，萍萍和大学好友逛了一天的街，晚上两人来到一家高档的餐厅吃饭。谁知道一不小心，萍萍看到了让自己惊讶的一幕：自己已婚的女上司和同部门的男同事卿卿我我地从包间里走出来，从两人脸上的神情看起来和情侣没有任何区别。

　　看到这一幕，萍萍淡定不下来了，因为她生平最痛恨的就是在外面乱搞婚外情。第二天一上班她就把这个消息告诉了公司和她最要好的王姐，还说了很多讽刺上司的话。但她没想到的是，这位王姐是个有名的"大喇叭"，经过王姐添油加醋地传播，没过多久公司上上下下就都知道了这位女上司的不雅之事。

　　从此以后，上司算是对萍萍怀恨在心了，动不动就给她穿小鞋，总是故意刁难她，最终萍萍不得不黯然离开公司另谋他就去了。

　　现在回想起当初的做法，萍萍觉得幼稚至极。因为她明白了，有很多事情看透了并不能说透，该把眼睛闭起来就应该闭起来，这才是职场的生存之道。

　　在职场上，类似萍萍的错误是一个年轻人最容易犯的。年轻人心里藏不住事，喜欢对什么事情都看清，殊不知看清楚事并不是什么好事。

　　我们换个角度想，萍萍所看到的事难道其他同事们全都不知道吗？我想未必吧！然而大家知道也假装不知道。只有萍萍，不但该闭眼的时候不闭眼，还故意瞪大眼睛看得清清楚楚，然后再四处去传播，如此的不谙世事，她不被人记恨就真是没有天理了。

不同于萍萍这种不谙世事的菜鸟，但凡是职场的老人都懂得睁一只眼闭一只眼的道理。同事不同于亲人朋友，大家背后相互都有个意见、看法什么的，但却没有人会把这些看得太清、太重，因为一旦看得太清、太重了，那你身边的同事恐怕就没有不是敌人的了。一个在职场中四处树敌的人，他的职业生涯就可想而知了。因此即便是为了不树敌，我们也应该学会睁一只眼闭一只眼。

宋师傅在职场混迹了多年，几乎公司所有的人都认得他这张脸。平时只要宋师傅一上班，前台的小张就会跟宋师傅打招呼问好；公司其他员工也跟宋师傅相处特别好；每年评先进的时候，宋师傅都会被众人捧之。为什么宋师傅会在公司这么受欢迎呢？其实，是他懂得怎么做人。

一次，宋师傅经过前台的时候，小张正好在玩电脑，而这个时候是上班时间，领导规定了在上班时间，要专心做事。小张见到宋师傅后，立马关了游戏，可还是被宋师傅看见了。宋师傅只是微微一笑，说："小张，你看见我的那份报告了没？"小张连连说："嗯，给你送到办公室去了。""嗯，好的，谢谢你了。"宋师傅说完全当没事，就走向自己的办公室。

在洗手间，宋师傅无意之中听见两个同事在说领导的坏话，等到两个同事看见宋师傅以后，都吓了一跳。宋师傅却只是洗洗手，就出去了。两个同事还心有余悸，可是却并没有听到什么风头浪雨的。

就这样，同事们更加信赖宋师傅了，而且有什么好东西，都拿来跟宋师傅分享。而宋师傅这种做事模糊的劲儿，为他的职场之路带来了不少好运。

像宋师傅这样就是职场最正确的处世态度，只要不涉及原则性的问题，该放过的就放过，自己省点烦恼，也能够给别人一个大方、得体的形象。

大行不顾细谨、大礼不辞小让，职场上鸡毛蒜皮的小事每天不知道要出现多少，如果我们总是抓着这些不放的话，那么我们就永远做不成大事。每个人同事身上不为我们所喜欢的毛病不知道有多少，如果我们总是用放大镜给他们挑毛病的话，那么我们就永远不要想变成合群的人。

某杂志社新招来了一名摄影记者，这个记者毕业于北美一所三流学校，本身没有学到什么，但却养成了一套西方为人处世的习惯。这名记者行事比较乖张，对于别人的错误从来都是"面斥其非"，再小的错误都能被他说得非常严重，因此整个杂志社上下都对他意见很大，只是碍于社长看重他这个海归的头衔，大家也不好说什么。

然而这一天，为了一些照片，编辑和这名记者起了冲突。众人见战火引燃，纷纷过去围观。一见有人围观，这名记者更来了劲，口口声声要让大家评理。这时有人出来和稀泥，反倒被他几句话顶了回去，一见如此，本来就对他有意见的大家群起而攻之，你一言我一语地数落起他来，他一舌难敌众口只好掩面而逃。之后众人还不约而同地联合起来打击他，挑他工作的毛病，批评他懒散的做风。最终社长看到众怒难犯也不得不辞退了他。

我举这个例子不是说美式处世风格不好，而是想向读者指出，在我们这个人情社会中，人的面子有时比那些无关痛痒的小是小非还要重要。我们不能因为看得过于清楚而得罪了他人，这样的话只能够自食恶果。再说，即便是在美国的处世风格中，含蓄也不失为一种良好的品德。

刚刚走进职场的年轻人，为人处世都过于"明朗"。这种"明朗"有时候反射过来的光芒，可能会影响到自己。如果你凡事都喜欢斤斤计较，那么只会让别人对你心怀怨念，这样你的职场之路只会走得愈加坎坷。因此睁一只眼闭一只眼的处事风格，无论在什么地方的职场上我们都是应该牢记的。

【职场常识】

水至清则无鱼，人至察则无徒。年轻人初入职场时一定要学着圆滑一点，学会睁一只眼闭一只眼。千万不要因为过分讲究原则而让自己成为众矢之的，这样只会让你的职业生涯处处碰钉子。

面子一定要给足，多花点心思捧别人

2010年一月，已经远赴美国大联盟踢球的英国球星、万人迷贝克汉姆受意大利AC米兰足球俱乐部租借，短暂加盟该队征战意甲。当贝克汉姆降临米兰城时，米兰俱乐部给予了他最高规格的礼遇，无论是接机、参观俱乐部，还是组织训练，贝克汉姆的行程都有专人陪同。

然而，这还不算完。等到见面仪式当天，米兰俱乐部才真是给足了贝克汉姆面子。当贝克汉姆走入球场的一霎纳，烟花四起，彩旗挥动，两排小球童像欢迎巨星降临一样欢迎贝克汉姆，整个球场想起了山呼海啸般的欢呼声。这一切就连见惯了大场面的万人迷都感到受宠若惊，并当即表示如果米兰有需要，自己将为米兰奉献一切的感动之语。

对于一个已经过气了的球星，米兰俱乐部为何还要如此的礼遇呢？这就反映出来米兰俱乐部懂得赢得球员的心。他们明白如果想打动别人，就一定要把面子给足，无论怎么花心思都不为过。把人捧上天才好呢！而在随后的赛季中，我们也看到了米兰的"投资"带来的成效。贝克汉姆在他所有的比赛中都拼劲全力，多次在关键时刻为米兰献上致命帮助，真的做到了"士为知己者死"。

看了上面的故事，相信读者就应该明白我要讲些什么了。没有谁不喜欢戴高帽，没有谁不喜欢自己被重视，因此在与他人交往的过程中我们就要学会捧别人。而且只要条件允许，那么能捧多高就捧多高。一定要给足对方面子，只有这样才能够让对方感觉到你对他的重视，从而赢得对方的好感。

近几年有一家四川火锅店迅速风靡整个中国大陆地区，成为连锁餐饮业的典范企业，它的名字叫做海底捞。与其他同行业企业相比，海底捞无论是装潢还是菜色都没有什么特殊的不同，那么它是靠着什么法宝脱颖而出成为行业的佼佼者的呢？靠的就是给足客人面子的服务。在海底捞有句话叫做只要客人有需要我们就能够满足。在海底捞里就餐，就算你花再少的钱也能够享受如同贵宾一样的待遇。

曾经有一个玩笑说有人去海底捞吃饭，服务员看到他闷闷不乐便关切地问他还好吗？他摇头叹气说："台湾没回归，没心情吃。"服务员一愣，转身喊经理。经理过来后，他和经理窃窃私语几句，经理紧锁眉头想了半天，拿出手机："喂，阿宝，晚上准备一艘船，让阿涛准备重家伙。"挂了电话对服务员说："通知大家，下班以后全体集合去解放台湾。"

这虽然是个笑话，但多少能够从中理解出海底捞服务的宗旨，光念顾客是上帝的口号是没有用的，一定要真的把顾客捧成上帝一样。而当海底捞将顾客捧成上帝之后，"上帝"也就自然愿意对他们慷慨解囊了。

商业经营如此，人际交往更是如此。如果你想有效地影响他人，让别人帮你说好话、办事情，就要学会尊重对方、捧对方、给足对方面子。

有些年轻人一看到"捧"这个字眼可能就会感到不爽，认为这是溜须拍马，是没有原则。其实不然，所谓"捧"更像是一种抬高、一种宣传、一种惠人及己。把别人抬高了，别人也就会高看我们，让别人感受到来自于我们的尊敬，别人也就会尊敬我们。捧是相互的，我们捧了别人，当我们需要的时候，别人也会前来捧我们。所谓的人际交往不就是在这一给一予中体现的吗？

法国著名作家安东安娜·德·圣苏荷伊在他的作品中写过："我没有任何权利去做或说任何事来贬低一个人的自尊，重要的不是我觉得他怎么样，而是他觉得他自己该如何。伤害人的自尊是一种罪过，这也包括不给人留面子。"由此我们可见，对于一个要走入社会的年轻人来说懂得捧别人不但是一种应该，而且更是一种必须。

然而我们在捧别人的时候还有一点是值得注意的，那就是在捧人的时候尽量不要让其他人感到差异，不能因为捧一个人而打压另外的人，甚至忽略他人都是不恰当的。不然的话捧人的效果未必会达到，让其他人对你有意见则是肯定的了。

单文涛是某个机关的职员，这天因为家里有点喜事就把单位里的同事都请到了饭店里，想借此沟通一下感情，尤其是和领导们的感情。

在宴席上，单文涛和科长以及几位其他同事并排坐着，圆桌上的酒菜已经摆不下了，可是，单文涛的妻子还在一个劲地上菜，嘴上直说："没有什么好吃的，咱们就对付着吃点吧！"单文涛则站起来，把科长面前吃得半空的菜盘撤掉，接过热菜放在科长面前，热情有余地给科长夹菜、添酒，而对其他同事只是敷衍地说声"请"。

面对这样"尊卑有别"的款待，单文涛的几位同事觉得很难堪，其中两位竟愤然而起，未等宴席告终就推说有事告辞了。

单文涛错在哪里？就错在不应该在捧科长的时候忽视其他人，让其他人在心里产生了落差。他这捧人的效果虽然达到了，但同时也伤了人。一得一失，单文涛这顿饭请的可并不划算了。

实际上，捧人就是一个给对方留面子的行为。把面子给足对方是应该的，但如果能够兼顾其他人，把每个人的面子都给足就更好了。

当然，有些人可能会对此不以为然。但试着看看你身边那些对面子无所谓的人，无论在工作中还是生活中，他们有谁是广受大家欢迎的呢？因此我要说，做一个社交的成功人士，最明智的选择是时时事事给足别人面子，把别人捧得高高的。这样你在给他人留面子的同时，也为自己铺就了一条通向成功的阳光大道。

【职场常识】

人捧人，越捧越高。给人面子就像是玩跷跷板一样，今天你用尽力气把对方压起多高，明天对方就会使同样的力气把你送到相同的高度。

第七章

逢人只说三分话，察言观色看乾坤

逢场作戏背后留心，场面话可说不可信

初入社会，你可能会发出这样的感慨：生活真是如戏台一般，总要扮演一些虚与委蛇的角色，说一些言不由衷的话。如果你有这样的感慨，那么我得恭喜你，因为你已经走好了适应社会的第一步——了解社会。

社会是一个人与人复杂的集合。在社会中我们能够找到和自己非常交心的朋友，也会遇到一些不那么交心的泛泛之辈。对于前者我们展示真实的自我，对于后者我们则更多是逢场作戏。同样的，别人在面对我们的时候也是如此。在一个社交场合中我们总不免遇到一些上来和我们客套的人，他们的感情我们不能当真，而对于他们嘴里说出来的场面话我们则更不能尽信。

场面话是我们在社会中不得不学的一门学科，更是我们在人际交往中不可忽视的一点。像酒桌的话、客套的话以及恭维的话等，这些都是日常最普通的场面话。对于社交场合别人说出的话，我们一定要分清哪些是出于真心，哪些是场面话，否则的话就势必要让自己陷入尴尬的境地。轻则闹个笑话，吃个亏，重则受到伤害，给心灵造成沉重的打击。

阿牛是个很实在的人，实在到有些木讷，今年大学毕业，阿牛通过应聘进入了一家国有企业做员工，他心想这下可端上了一个铁饭碗。阿牛有个优点，那就是无论做什么工作永远兢兢业业，不辞劳苦。就这样半年下来，阿牛在单位同事面前为自己树立了一个良好的形象。

突然有一天，一个办公室的周哥找到阿牛，对阿牛说："我看你这个小伙子不错，为人挺好，也能干，不过你这个职位没什么前途的。这样吧我帮你疏通疏通，帮你调换到一些上升空间大的职位去。"

通过周哥的介绍，阿牛宴请了一位专门负责调动的主管，在酒桌上阿牛把自己的意思说给了主管。主管三杯酒下肚，喝得有点晕乎，当着

阿牛和周哥的面拍着胸脯说："没问题！回去等消息吧。"

就这样，阿牛高高兴兴地回去等待消息了。但谁知几个月过去了，关于他的人事调动还是一点消息也没有。于是，他就打电话给那个主管，结果不是"不在"就是"正在开会"。阿牛觉得自己受骗了，于是一怒之下就去质问帮他牵线的周哥。结果见了周哥，周哥却告诉阿牛，他想得到的那个职位已经有人捷足先登了。

阿牛很是气愤，大声问周哥道："那他又为什么对我承诺说没有问题呢？"对于阿牛的质问，周哥一时张口结舌，他也不知道该如何回答才好，只好支吾地搪塞过去，但从此以后再也没有帮阿牛做过任何事。

阿牛错在哪里了？就错在他对主管的话太当真了。如果阿牛是一个懂得人情世故的人，在等了许久没有消息之后他就应该明白那个主管所说的承诺不过是场面话，当不得真的。然而他非但不懂得这一点，还木讷地去质问那个帮他的周哥，结果非但没得到满意的答复，还失去了一个朋友。

对于阿牛的所作所为，我们除了为他感到郁闷外，就是同样要避免这样的事情出在自己的身上。因此我要说，作为一个初入社会的年轻人，一定要清楚明白自己的处境以及所要面对的人和事，根据环境去分辨对方说的话是出于真心还是场面话，只有如此才能免除尴尬的情况发生。

当然，避免被场面话误导的关键还是分清场面话。那么如何分清场面话呢？据我总结场面话大致无外乎两种，下面我就将我总结的两种场面话列示给大家，以供让大家做到心里有数。

首先：面对"称赞"要冷静，比如有人称赞你"年少有为"；领导称赞你"办事能力强"；邻居称赞你的孩子"长得可真漂亮"。对于这些场面话，无论是不是初入社会我们都已经司空见惯了，这些场面话当中有些可能是实情，但有的则与事实有相当的距离，听起来不免让人心里"恶心"。然而只要这样的场面话不是太过于离谱，那么听的人十之八九都会很高兴，而且人越多的时候听的人就会越高兴。

其次：不轻易承诺，比如别人对你说"没问题，我办事，您放心""我会全力帮忙""有什么问题尽管来找我"等。这种话有时候是不说不行，因为对方运用的是人情压力，如果在酒桌上当面拒绝，肯定会造成当事人的难看，难免不会怀恨在心，从而得罪一个人，同时也会让同桌的朋友面上难堪；如果对方缠着不肯走，那更是麻烦。所以只好用场面话先打发，能帮忙就帮忙，帮不上或不愿意帮忙再找理由。对于这第二种场面话，我们亦可以称之为一种缓兵之计。

其实在某些场合，我们是可以预料到我们会听到什么样的场面话的。此时我们就应该提前有个心理准备，如此更能帮助我们明确地知道哪些话是真心实意，而哪些话对方只是出于场合的要求才"敷衍"我们的。

同时还有一点要值得我们特别注意的是，尽管我们知道对方说的是场面话，是不可信的，但也不能当面表现出来对对方话语的不屑。要知道，在社交场合当面对别人的话表示不屑是一个很伤人的举动，我们只要注意不要把这些话放在心上就好了。

其实，在人际交往中，我们不但要对场面话有免疫力，自己也是应该学着说一些场面话的。如过我们能够学好场面话，那么不仅能够为我们免除很多尴尬，而且还能因为"场面话"而让自己处世更加圆滑，让自己未来的路走地更加便捷。

【职场常识】

真心话固然每个人都想听，但一则没有那么多，二则没有那么好听，反而场面话在社交中是又普通又好听。但也正是因为如此，场面话才变得没有价值。对于逢场作戏而没有价值的场面话，年轻人是一定要在心里为自己打上"预防针"的，否则的话就可能因为自己的实在而在场面话上吃大亏。

到什么山头唱什么歌，"入乡随俗"的人最受欢迎

变色龙虽然长相凶恶，但实际上攻击性却并不强，一只幼小的猴子都能要了它们的命。那么在危机四伏的丛林中，它们又是靠着什么本领来保护自己谋得一线生机的呢？答案是保护色。

保护色是指蜥蜴能够随着周围的环境而变化自己身体的颜色，从而在很短的时间内让自己和周围环境融为一体，让那些致命的敌人忽视到它们的存在，进而保护自己。其实在动物世界中有蜥蜴这种本领的成员并不在少数，比如竹节虫，它就是靠着身体类似于竹子而躲避天敌的；再比如枯叶蛾，当它停在树枝上时，褐色的身体就像一片枯叶一般，从而保护自己。

我并不是要做科普，而是借此说明一个道理，那就是在人类社会中我们也面临着和蜥蜴、竹节虫一样的问题：当我们进入一个新的环境时——比如年轻人初入社会，我们总是会面临各种各样的问题，如何解决掉这些问题就成了我们能否适应新环境的关键。那么，我们又该如何解决掉这些问题呢？我们首先要做的就是融入到环境中去，做到入乡随俗。

比如我们进入社会总要找工作，这时我们进入了一个陌生的工作单位就应该尽量入乡随俗。我们要认同这个单位的文化，随着这个单位的脉搏跳动，遵守这个单位的"规矩"和价值观念，如此我们才能以最快的速度为这个单位所接纳。反之，如果我们一味的特立独行，自以为是，那么等待我们的肯定就是被其他单位成员所排挤，最终黯然离开单位也是说不定的。由此我们可见，对于初入社会的年轻人来说，入乡随俗就是要适应全新的工作环境，不要因为自己一套独特的风格而和环境发生碰撞。

当然，我们上面讲的只是宏观方面，在细节上所谓的入乡随俗更多是到什么山头唱什么歌。再说明白一点就是面对不同的人，我们要说不同的话、做不同的事、用不同的态度去相处，也就是"看人下菜碟"。如此才能够在与各种人的交往中都做到游刃有余。

伟大的政治家都是伟大的社交家，而诸葛亮则是我国古代伟大政治家的典范。作为千百年来读书人的偶像，诸葛亮无论文韬还是武略都堪称天才，而且更让人佩服的是，在处理人际关系上面孔明先生也是有着自己的独到之处的。

当年马超还未归顺刘备之时，曾经奉张鲁之命率兵攻打葭萌关。葭萌关一破，成都危在旦夕，因此刘备对此十分惊恐。做为军师，诸葛亮对刘备说只有张飞、赵云二位将军才有把握战胜马超。

听到军师如此献计，刘备忙说道："子龙领兵在外回不来，翼德现在这里，可以急速派遣他去迎战。"

诸葛亮却不动声色，慢悠悠地说："主公先别说，让我来激激他。"

此时，军营中的张飞也已经听说马超前来讨敌骂阵了，因此哇哇暴跳非要率兵出战和对方拼个高下不可。

对于张飞的请战，"稳坐钓鱼台"的诸葛亮却假装根本没有听见，对刘备说："马超智勇双全，无人可敌，除非派人去荆州唤云长来，方能对敌。"

张飞一看自己被无视，立即火冒三丈，大叫道："军师为什么小瞧我？我曾单独抗拒曹操百万大军，难道还怕马超这个匹夫？"

诸葛亮说："你在当阳拒水断桥，是因为曹操不知道虚实，若知虚实，你怎能安然无事？马超英勇无比，天下的人都知道，他渭桥六战，把曹操杀得割发弃袍，差一点丧了命，绝非等闲之辈，就是云长来也未必战胜他。"

张飞说："我今天就去，如战胜不了马超，甘当军令！"

诸葛亮看"激将"法起了作用，便顺水推舟地说："既然你肯立军令状，便可以为先锋！"结果张飞与马超在葭萌关下酣战了一昼夜，斗了二百二十多个回合，虽然未分胜负，却打掉了马超的锐气，后被诸葛亮施计说服而归顺刘备。

诸葛亮为何用先怠后激的方法来针对张飞呢？就是因为他知道张飞

脾气暴躁，容易因为一时冲动耽误大事，所以才用激将法逼他自我约束。而实际上也正如诸葛亮所料，激将法在张飞身上起了作用，不但增强了他的责任感，还激发他的斗志和勇气。

如果说张飞这一件事不能说明诸葛亮到什么山头唱什么歌的本事，那么随后安抚关羽则把这一点显示得淋漓尽致。

就在马超归顺刘备不久，镇守荆州的关羽突然提出要回川来与马超比武。为了避免二虎相斗，也担心荆州有失，诸葛亮给关羽写了一封信："我听说关羽将军想与马超比武分高下，依我之见，马超虽然英勇过人，但只能与翼德并驱争先，怎么能与你"美髯公"相提并论呢？再说将军担当锁守荆州的重任，如果你离开了造成损失，罪过该有多大啊！"

关羽看了信以后，抚须大笑说："还是孔明知道我的心啊！"他将书信给宾客们传看，而入川比武的念头也就此打消了。

人与人是不同的，环境与环境之间也是有差异的，因此对于一个正处于环境变幻时期，正要重新结识很多陌生人的年轻人来说，学会见什么人说什么话，到什么山头唱什么歌就显得尤为重要了。一旦年轻人有了这样的本领，不但可以帮助你更好更快的适应社会，同时也能够让你在与他人交往的过程中永远立于不败之地，成为无论到哪儿都受欢迎的人。

【职场常识】

在社会丛林中，我们首先要学会保护自己。怎么保护好自己呢？这就莫过于融入环境，和别人打成一片了。而我们又应该怎么去实现这两点呢？具体做法就是入乡随俗，让别人觉得你是"自己人"。

先学会听，再学会说

在一开始我先给大家讲一个笑话：

一位女士去相亲，见面后她和她的相亲对象进行了下面的对话：

女："在你们的公司，你是担任部门经理还是销售主管?"

男："不好意思，这两者我都没担任。"

女："那你是独生子女吗?"

男："不，我还有一个弟弟!"

女："你有两室一厅的楼房吗?"

男："没有!"

女："你有宝马或者别克吗?"

男："这我也没有!"

女："那你还来相个什么亲?"

女士生气地说完这些，头也不回就离开了。

望着女士那美妙的背影，男子自言自语道："我有自己的公司，为什么还要给别人打工？我弟弟在美国，过得比我还要潇洒，怎么这个她也在乎？我买下一套豪华别墅了，这样住得不是更舒适吗，为什么还要两室一厅？我出门开奔驰，为什么她偏偏说到什么别克、宝马？难道她不懂，现在金融危机后，一切都讲经济实惠吗?"

看过这个笑话，我们一方面为这个势利而又不知所谓的女士感到好笑，又为这个男士的淡定幽默而忍俊不禁。这个女士因何和一个钻石王老五擦肩而过呢？就是因为她难以控制的话语权掌控欲，从头到尾她都没有听那个男士解释一句。试想如果能够选择倾听那么一会儿，给男士一个说话的机会呢？那结局肯定就会完全不一样了。当然我相信读者没有谁希望这故事走向另外一个结局，因为这个势利的女士实在是太讨厌了。

但是，我讲这个笑话的目的不是为了幸灾乐祸，而是想借此为读者说明一个道理，那就是在人与人的交往中，很多时候听要比说更重要的。

谈话是我们与人交流最常见的尝试，谈话分说与听两个部分。一般来讲人都偏向以自己为中心，因而总是喜欢抢夺话语权。然而，抢夺话语权使得两个人沟通的效率下降了很多。在此情况下，如果有一方能够选择听而不是说，那么不但可以增加沟通的效率还能够让对方因为掌握话语权而感到兴奋，进而喜欢上与之沟通，这样的话无形之中就拉近了两个人的关系。

同时，我们还必须明白一个道理，那就是在两个人的冲突中，如果我们是选择倾听的一方，那么就会骤然间让冲突缓和下来，进而掌握主动。有些人不以为然，认为冲突无非就是吵架，谁吵得凶谁赢。其实不然，我们看看那些在吵架中一言不发静静地听对方嚷嚷的人，最后事情的发展绝大多数是朝着倾向于这些人有利的方向去的。

某一天，周国安一个公司来了一位大发脾气的用户，他说公司要他付的那些费用是敲竹杠。这个人看来是怒火满腔，他除了到处申诉、告状外，还无事生非。最后，公司只好让负责公关的周国安去见那位用户。

两人一见面，那个暴怒的用户就不停地抱怨着，大声地发泄着。周国安静静地听着，并且不时用"是的"、"我也同意您说的"这样的话语表示赞同。就这样，用户滔滔不绝地说着，而周国安则一直静静地倾听，整整三个小时过去了，客户终于说累了，没有等周国安做出答复便扬长而去。

接下来一周，周国安先后去见过那个用户四次，每次都是用很少的话语对用户发表的意见表示赞同，每次都是用大部分的时间用来倾听。终于，在第四次会面时，用户提出了一个建议。对此周国安立即表示赞成："是的，先生，我们就这么办。"那个用户从未见到过一个公司的人同他用这样的态度和方式讲话，终于渐渐地变得友善起来。没有费多少口舌，周国安战胜了这个难缠的客户，他的法宝只是倾听。

从上面这个例子中我们能够看到倾听的重要性。其实很多时候，对方抢夺话语权的目的只是想要一种优越感和成就感。我们选择倾听，把话语权让给对方，实际上就是给了对方这种感觉。而如果我们能够给我们每一个见过的人有这种感觉，我们的人际关系又怎能不好呢？

当然我指的倾听也绝非左耳朵进右耳朵出，倾听也是有着倾听的技巧的。没有技巧的倾听非但不会让别人心仪于同我们交谈，反而会给对方一种我们不尊重他的感觉，这可就是弄巧成拙了。那么倾听又有上面技巧呢？我总结为以下五点：

首先，倾听就需要专心。倾听别人谈话总是会消耗时间和精力的，如果你是真的出于某种原因不能倾听，那么你直接提出来，这比你勉强去听或装着去听至少会好些，比其中必然会表现出来的开小差而给人的感觉要好得多。听就要认真专心意地听，对我们自己和对他人都是很有好处的。

其次，倾听需要有耐心。这体现在两个方面：一是别人的谈话在通常情况下都是与心情有关的事情，因而一般可能会比较零散或混乱，观点不是那么突出或逻辑性不太强，要鼓励对方把话说完，自然就能听懂全部的意思了。否则，容易自以为是地去理解，去发现意见，产生更加不好的效果。二是别人对事物的观点和看法有可能是你无法接受的，甚至有伤你的某些感情，你可以不同意，但应试着去理解别人的心情和情绪。一定要耐心把话听完，才能达到倾听的目的。

再次，避免交流中的不良习惯。随意打断别人的谈话，或借机把谈话主题引到自己的事情上，一心二用，任意地加入自己的观点做出评论和表态等，都是很不尊重对方的表现，比不听别人谈话产生的效果更加恶劣，一定要避免。

最后，适时作出反馈。倾听不是装聋作哑，要经常性地给对方以反馈，哪怕是"嗯"、"对"、"是的"这样没有意义的词汇，也是对于对方的一种复合，能够让对方有一种互动的感觉。

【职场常识】

鹦鹉能言，却没有人爱和他说话；牧师不怎么说话，但每天都有无数的人找他倾诉。在人际交往中听永远比说更重要，更不要提没完没了的说话还容易祸从口出了。

不是每个把你从"粪堆"里拉出来的人都是你的朋友

　　曾经看过这样一则寓言：一只初生的小鸟要随族群去遥远的南方过冬，然而因为对路径不熟悉，它掉了队。离群的小鸟又冻又饿，渐渐地飞不动了，最终一头栽了下去。不过幸运的是，它并没有直接掉落在地上摔死，而是落入了一堆温暖的牛粪里。

　　小鸟得到了喘息的机会，但因为翅膀被粘住了，怎么也爬不出去，于是不住地挣扎呼叫，期盼有人能够前来救它脱困。不一会儿，从远处跑来一只野猫，它是跟随者小鸟的叫声而来的。一见小鸟困在牛粪里，它立即用自己的爪子把小鸟抓了起来。小鸟好不容易脱困了，正要感谢野猫的帮助，但没想到迎来的却是野猫的血盆大口。原来野猫救它脱困的真正目的是想吃了它。

　　为什么要先讲这个故事呢？我是想借此告诉读者一个道理，那就是初入社会我们总是能够遇到一些帮助我们的人，这其中自然有好人，但也有居心不良的人。后者在我们身处困境的时候帮我们脱困，但真正的目的却并不是帮助我们，而是另有所图。对于这样的人我们一定要提高警惕，在心里树立起这样的思想：并不是每一个把我们从"粪堆"里面解救出来的人都是我们的朋友。

　　很多人可能还记得曾经有一部很感人的韩剧叫做《对不起，我爱你》。剧中的武赫最一开始是做什么的呢？就是靠骗外地游客尤其是韩国游客的钱为生的。而他骗钱的手段无外乎就是先找一个看似陷入了困境的人，然后再假装为他提供帮助以骗取他的信任，最后再实现自己的目的。

　　自然，武赫只是一个剧本中虚构的人物，然而他的所作所为在我们现实的生活中却绝不罕见。如果不信的话，读者不妨试着去全国各地的火车站走一圈，每走几个车站你几乎都能够遇到几个要对你提供帮助的人。如果你真的对他们的话信以为真，那么等待你的结果就很可能是破财了。

我曾经试着研究过在火车站上当的人群，我发现他们当中大多数都是进城务工的农民兄弟和不谙世事的学生。他们有什么共同特点呢？就是不懂设防、容易相信人，而这些特点在我们初入社会的年轻人身上也同样拥有。

一般来讲，真诚、善良、相信人这都是良好的品质，然而在复杂的社会中，正因为有了这些良好的品质才使得我们变成了那些别有用心者的羔羊，为他们所欺骗。因此我才要告诫读者，一定要警惕那些对你过于热情的陌生人。在那些无缘无故帮你而又跟你算不上要好的人当中，绝大多数都是有着不可告人的目的的。

王怀伟是某大学的毕业生。因为所在大学没什么名气，家里也没有什么背景，因此一时找不到理想的工作。正当他苦于没有路径实现自己满腔志愿的时候，一次偶然的机会，他认识了朱洪波。朱洪波是某家公司的财务经理，在公司也算是位高权重。他介绍王怀伟当了公司的出纳，并对他十分照顾，俨然一副老大哥的样子。朱洪波的照顾让王怀伟觉得自己遇到了贵人，对他感激涕零，暗中下定决心以后一定唯朱洪波马首是瞻。

一次朱洪波拿了一张数目不小的单子给王怀伟，说是客户来办事情，需要公司帮忙处理一笔应酬用的开销，希望王怀伟想办法拿公司财务的账款作掉，走公司流水。王怀伟是个老实人，他知道这么做不对，但碍于对方是一直关照自己的大哥，也不好再说什么，就按照朱洪波吩咐的做了。几天以后，朱洪波又拿来了账单，还用同样的托词帮他解决应酬费用。这两次不合规定的账目让王怀伟寝食难安，越想越觉得不对劲。

直到第三次，王怀伟感觉到事情有点过头了，于是便拒绝了朱洪波同样的要求。没想到此时的朱洪波立即收敛了老大哥的摸样，狠狠地对他说："以前就是你做的账，现在不想做了，那我就去告诉公司你作假账。他们把你告上法庭，让你不吃不了兜着走！"此时，王怀伟如梦初醒，原来所谓的帮助是朱洪波早就设计好的阴谋，他对自己好不过是为了让自己给他作假账，自己不知不觉地已经上了贼船。

对于王怀伟的遭遇，我们只能说他是太没有警惕性了。然而仔细想想，这么说我们也似乎有点站着说话不腰疼之嫌。试想，在自己处于困难的时候谁不想有人能够对我们伸出援手呢？掉入水中连一根稻草都不得时谁不想有人能够来救我们呢？这时如果有人来帮助我们脱困又有谁不会他感激涕零呢？

困境中需要帮助，对于雪中送炭的人感恩戴德，这都是人之常情，然而也正是这些人之常情让王怀伟的悲剧一次次的发生在刚出校门不谙世事的年轻人身上。既要不无情，又要保全自身，这种两难的困境我们又应该何去何从呢？

其实，我倒是觉得这种两难的困境更多是由于年轻人的头脑不清，不懂得人际交往中最重要的一点——算计。我所说的算计不是说背后动心眼暗算别人，而是在心里分析对方的行为，揣摩对方的意图，以便让自己能够认清对方是朋友还是伪装成朋友的敌人。因此算计在人际交往中实际是必不可少的。

那么关于上述问题的算计应该怎么进行呢？我认为主要是两点：首先，我们要想清楚对方的帮助是不是真的不可获取，对方对我们提供帮助时有没有什么附加条件，这一点想明白了基本上就可以认清对方是朋友还是敌人了。其次，即便是朋友的帮助我们也应该感恩在心，并给予回报。然而在回报的时候我们必须要明白不能有违道义，更不能触犯法律，不要因为人情、面子的问题就"为知己者死"。如此的话就能够将自己被欺骗的风险降至最低，进而避免王怀伟的悲剧发生在自己身上。

【职场常识】

对于年轻人而言，他们容易防范敌人，但是在伪装成朋友的敌人面前，他们就失去"免疫力"了。这也就是很多年轻人上当受骗的主要原因。因此在进入社会的一刹那你就应该牢记，不是见到的每一个人都能成为朋友，而每一个向你伸出援手的人更不都是你的恩人，有些人在伸手给予你一些帮助的同时还会从你身边拿走更多的东西。

越成功就越要谨慎，得意忘形容易被捧杀

王小波有篇著名的杂文名为《拒绝恭维》。在文章的最后他讲到，自己但凡被人当面称赞和恭维，他就会在心里骂街，骂恭维他的人，因为他明白自己是"禁不起恭维"的。

王小波先生堪称智者，因为他明白恭维对于人的负面作用是要远远低于正面作用的。我们见过无数的人在别人的赞扬中、恭维中迷失了自己，进而从成功走向了失败。正因为如此，古人才发明了一个为"捧杀"名词，用以戒告那些成功者不要成为牺牲在别人赞美与恭维中的悲剧人物。

"捧杀"这个典故最早出现在东汉泰山太守应劭所著的《风俗通》中。原文是："长吏马肥，观者快之，乘者喜其言，驰驱不已，至于死。"翻译成现代话就是：有一个小官的马非常健硕，看到的人没有不夸它能跑得快的。小官听了心里非常的高兴，因此不停地让马快跑以展示给大家看，最后终于把马给累死了。

路人夸马跑的快原本是好事，然而到了小官那里却成了他累死马的原因，这就是"捧杀"的典范。让人在不断的赞美和恭维中失去应该有的谨慎，变得越来越张扬，主动去挑战很多自己根本就无法胜任的事情，那么最终也就只能走向失败。

对于"捧杀"，鲁迅先生曾经这样写道："人近而事古的，我记起了泰戈尔。他到中国来了，开坛讲演，人给他摆出一张琴，烧上一炉香，左有林长民，右有徐志摩，各各头戴印度帽。徐诗人开始介绍了：'叽哩咕噜，白云清风，银磬……当！'说得他好像活神仙一样，于是我们的地上的青年们失望，离开了。神仙和凡人，怎能不离开明？但我今年

看见他论苏联的文章，自己声明道：'我是一个英国治下的印度人。'他自己知道得明明白白。大约他到中国来的时候，决不至于还胡涂，如果我们的诗人诸公不将他制成一个活神仙，青年们对于他是不至于如此隔膜的。现在可是老大的晦气。"

鲁迅先生说的是 20 世纪初印度大诗人泰戈尔来华的事，本来泰戈尔来华是一件好事，无论对于中国文坛还是中国有志于文学的年轻人都是一次难得的接触大师的机会。然而在一群夤缘小人的吹捧下，泰戈尔却被硬生生的与年轻文人隔离开了，让人非常痛惜扼腕。

大人物有大人物被"捧杀"的苦恼，然而我们年轻人虽然称不上是大人物，在很多方面其实也是要警惕被"捧杀"的。比如当我们在工作中作出了一点成绩，周围的人就会过来为我们击节叫好，这些赞扬的话语中自然有中肯的、发自内心的，然而也有过高的、虚伪的，对于这些虚伪的赞扬我们就要十分警惕了，不要因此而迷失了自己，真的就以为自己从此无所不能。因为一旦当你被赞扬冲昏了头脑的时候，也就是你走向失败的时候了。如何避免他的悲剧在我们身上上演呢？就要在心里做好应对"捧杀"的准备，对于恭维和赞美提高警惕。

在第二次世界大战中，丘吉尔对英伦之护卫有卓越功勋。战后在他退位时，英国国会拟通过提案，塑造一尊他的铜像置于公园，令众人景仰。一般人享此殊荣高兴还来不及，丘吉尔却一口回绝。他说："多谢大家的好意！我怕鸟儿喜欢在我的铜像上拉粪，还是请免了吧。"

牛顿，这位杰出的科学家，现代物理学的奠基人，他发现万有引力定律并因此建立了成为经典力学基础的牛顿运动定律，他出版了《光学》一书，确定了冷却定律，创制了反射望远镜，他还是微积分学的创始人……如此的功绩显赫，如此的光彩照人，然而在当听到朋友们赞扬他的时候，牛顿却说："不要那么说，我不知道世人会怎么看我。不过我自己只觉得好像一个孩子在海边玩耍的时候，偶尔拾到几只光亮的贝壳。但对于真正的知识大海，我还没有发现呢。"

有这样谦逊好学、永不满足的精神，牛顿的成功是必然的。古今成大事业、大学问者，正是因为有了能够正确对待他人赞扬的态度和谦逊好学的精神，才达到人生的光辉顶点。

因此我必须要告诫我们的年轻人，当你走入社会时，越是有了成绩越是应该谨慎。在你保持头脑清醒和冷静的时候，别人的赞美是对你的赞同、支持和信任，能给你再接再厉的能量；但如果你的心被那些赞美声融化，你的眼睛被其蒙蔽，那么你就会成为别人"捧杀"的牺牲品。

【职场常识】

在生活中，每个人都不免受到别人的追捧和赞扬。然而面对追捧和赞扬的时候，一个成熟的年轻人要能够保持清醒的头脑。他要仔细斟酌自己是否真的够得上所得的荣誉，要因此变得更加谨慎。只有那些不谙世事、难成大器的年轻人才会对赞扬和追捧来者不拒，最终成为被别人"捧杀"的对象。

有圈子的地方就有潜规则，进入圈子 先摸清其中的潜规则

　　看过《红楼梦》的读者应该还都记得这样一个情节：第四回"薄命女偏逢薄命郎，葫芦僧判断葫芦案"里面，贾雨村刚到任应天府就接受了一个大案，"呆霸王"薛蟠为争夺一个被卖的女婢而打死了小乡绅之子冯渊。

　　这案件本来很好判，但是正当贾雨村要秉公执法的时候，他身边却来了一个出身于"葫芦庙"里的小沙弥。小沙弥对他"点拨"应该先看一看"护官符"。贾雨村不看便罢，一看惊出一身冷汗，于是立即改变想法，胡乱地判了一个"葫芦案"。

　　"护官符"写的是什么内容相信每个读者都应该知道，我这里不再赘述。我只是想借此说明一个问题，为什么一张"护官符"要比人命还重要呢？答案就是潜规则。在一个地方当官要先看一看该地是不是有些什么士绅贵胄是惹不起的，如果不先这么做，就难保自己的前途不会受到影响了。很不巧在应天这个地方官惹不起的正是这贾史王薛"四大家族"。因此在公理和自己的前途面前，贾雨村就只能从权了。而且说到头贾雨村的官是靠着贾家才拿到手的了，那就更得按潜规则办事了。

　　在我们进入社会之后，无论是从事什么行业，无论是在机关还是在企业，我们都面临一个如何融入环境的问题。如何能够快速融入到环境中而不是被环境所排斥呢？关键的一点就是先摸清环境中的潜规则，尽量不要去触碰它们。因为对于一个环境来说，潜规则就像是雷区，一旦你踏上，就非要弄一个伤筋动骨不可。

　　安然然是公司今年新入职的员工。入职之前，安然然就谋划着争取在本职岗位上奋力打拼，努力闯出一片属于自己的天地来。果然经过一

段时间的良好表现，安然然不仅在个人工作岗位上尽职尽责，还对公司的管理建设方面颇有了一套独到的看法和见解。元旦伊始，公司要求每个人写下年终总结和对公司的看法以及多多给公司提一些建设性的方案。此时，自以为对公司把握透彻的安然然可有了用武之地。她心想："这不正是发挥自己特长的时候了吗？没准儿领导采纳以后还能对自己大加赞赏呢？"于是大笔一挥，洋洋洒洒几千字的"谏言"便一蹴而就，"一纸上奏"了。

安然然的公司刚刚成立不久，从领导到员工待遇等诸多方面的确存在很多不足之处。这些不足之处是所有人都看在眼里的，但是大家都默不作声，因为公司里所有员工都知道老板是个暴脾气，最不能容忍别人质疑他的管理水平。如果不说等他自己醒悟，那结果是最好的，但如果说了老板非但不会改，反而可能会变本加厉。因此虽然对很多方面都不满，大家却还一直都隐忍着等老板自觉改正。

但这次，"初生牛犊不怕虎"的安然然倒是够大胆，年会上把老板一顿痛批。老板表面上对她的"杰作"表示拍手称赞，而实际上内心却是愤怒无比。所以在来年的工作中，公司以业务减少裁员为由将其炒了鱿鱼。直到被赶出公司，安然然还是不明白，为什么极力上进的她被解雇了呢？

安然然错在哪里？就在于她没有弄清楚公司里的潜规则，也就是老板的脾气只能顺着而不能逆着，所以一不小心踩上了地雷，最终只能是黯然离开。

其实类似这样的例子在职场上决不算少数。新人不小心说错了话惹得老人生气进而被孤立起来，刚进入职场一不小心卷入了办公室争端结果弄得两面不讨好、两面受排挤，这样的故事不是每天都发生在我们的身边吗？那么如何避免这样的困扰落在我们的头上呢？关键就是摸清初入的环境中的潜规则。

所谓潜规则自然是对照着明规则来说的。明规则是指表面上那个规章制度，无论是机关还是企业都有其一套明文的规章制度，然而在暗处也有着一些不为人知但也不能碰触的区域，这些就是我们所说的潜规则了。

正因为这些不能碰触的东西都在暗处，所以才称之为"潜"，然而也正是因为它们的"潜"，才使得很难为我们年轻人所规避。因此很多人糊里糊涂就成了潜规则的牺牲品。对于这种情况，我就建议读者们从以下几个角度去做。

首先：无论进入什么领域，作为新人一定要多听少说、多看少做。对于不是自己分内的事尽量不要去捧，不了解的事情不要去说，如此可以帮助你把不小心触碰到潜规则的几率降至最低。

其次：多和环境中的"老人"聊天，但不要在他们面前发牢骚，更不要背后说别人的坏话。一般在环境中待久了的"老人"都清楚环境中的潜规则，和他们多交流有利于你彻底弄清潜规则的真面目；另一方面不发牢骚、不背后说人坏话则是告诫你多留一个心眼，别因为要摸清潜规则而误碰到潜规则上面去。

最后：要学会装傻，你可以看透潜规则，但千万别把它说透。正是因为它不能说才叫潜规则，如果你自作聪明把它说透了，那么后果很可能要比你触碰到它还要严重。因此作为新人到了一个新的环境中时一定要学会装傻，如此才能够迅速地融入到环境中去。

【职场常识】

黑暗中闭着眼睛走进房子，要想不被家具磕到就要先清除家具的摆放位置。对于一个新人来说，乍一进入陌生的环境就如同闭着眼睛走入一个黑暗的屋子一样，如果不摸清环境中的潜规则，是一定要被撞得头破血流的。

第八章

办公室有规矩，掌握这些让你左右逢源

装不懂，满足领导好为人师的心理

可能每个新人都有过这样的烦恼，自己的上司特别喜欢在自己面前卖弄经验，总是想寻找机会给自己当老师。对于这样的上司，相信每个人都会不厌其烦。

然而，我们要知道，向别人卖弄、好为人师是大多数人的天性，当这种天性得到释放之时，人会感到无比的愉悦。在这种情况下，作为一个新人，如果你足够的成熟就不会表现出不耐烦的样子来，反而会心悦诚服地让上司说下去。甚至有的时候为了和上司沟通感情，你也可以故意懂装不懂，以此来满足上司好为人师的心理。

田露露是一家销售公司的董事长秘书。按公司架构来说，田露露这个秘书的职位不算很高，但是和董事长走得最近，所以平常公司里的下属部门同事都对她特别好。因为每次董事长出门都要用车，而自己又是董事长秘书，所以自然这事就是自己管辖的范围了。但是公司里管理配车的朱小姐却又是个不好相处的人，说话尖酸刻薄，对任何人都爱搭不理的。虽说只是负责派车，并没有多大的本事，可每当各部门人员要车外出时，就必须向她赔笑脸，说尽好话。这让很多同事都头疼不已。

对于朱小姐，田露露也是心存不满，然而不满归不满，田露露还是找到了一个应对朱小姐的办法，那就是向她讨教。自从进入公司以来，每当田露露要用车打电话和朱小姐沟通的时候，她都不忘顺便和朱小姐聊一聊，无论是家长里短还是公司的大事小情，只要找到了切入点，田露露就做求学状，向朱小姐征求意见。这样一来二去，两个人的关系就慢慢拉近了，由于朱小姐年龄比较大，来公司的时间又比较长，因此对公司、对生活的一些问题看得比较透彻，她经常就田露露遇到的难题发表自己的看法。这些看法也确实给了田露露很大的启发，为初来公司的田露露提供了不少可供学习的建议。

年轻人应该明白这样一个道理：在职场上和人相处是一项有技巧的工作，如果这个工作做好了，实际效果很可能比你做好本职工作还好。而且我们还要知道，无论是在工作中还是处世的其他方面我们都有可能遇到自己无法确定的事情，这些不是我们硬碰硬就能解决的。所以，对于我们职场的新人来说，最需要的是放下自己的高姿态，然后用和缓的口吻向他人请教，这样一来，双方交流的障碍一下就清楚了，这样才是恰当的处世之道。

那么有的读者可能会问，在请教问题的时候我们应该注意哪些问题呢？对于这个问题我的答案是这样的：

首先请教别人，要放低姿态。作为新人，你既然是怀着获知的目的去请教领导的，就应该放下姿态，年轻人不要不好意思向人低头。虽然心高气傲的你会觉得向领导请教是一件挺丢人的事情，然而你获得的东西可是实实在在的啊。而且不是说请教领导，就让我们低声下气、奉承谄媚，而是以一颗诚挚的心去对待他们，做到不卑不亢，这样不但能够满足领导好为人师的心态，还会让领导对你产生好的印象。

其次，请教领导时要做领悟状，如果是切实问题要多思多想。有的时候我们不懂装懂是做样子，而有的时候则是真的不懂，对于前者我们应该注意不让领导看出来，对于后者我们则要在请教当中得到切实的帮助，让自己得到进步。这样既讨好了领导，自己也得到了实惠。

拉姆斯是德国一个著名的服装店的老板，从最初的一个学徒到现在的老板，拉姆斯走过的历程实在是传奇。对此他曾经说过这样的话："我是怎么从一个学徒工成为老板的？就是靠着一个个的问题！在给老板当学徒的时候，我就经常向老板提问，这样不但让我提高了自己的技艺，更让老板认为我是一个可造之材。就这样，老板一步步地提拔我当了伙计、设计师和分店老板。然而无论我到了什么岗位，向别人提问这个习惯我从没有改变。当伙计时我向老板提问，当设计师时我向老师傅们提问，当分店老板时我又向我的同行们提问，这样一来二去大家就都和我混熟了。如今我自己出来开店了，我上面没有老板了，我现在就开始向我的员工们提问了！我认为提问是沟通两个人感情最好的工具，而且还能够帮助愚蠢的人变得聪明！"

从拉姆斯的话中我们可以看到，向别人提问、满足别人好为人师的心理对于我们的人际交往来说是多么地有利。对于一个年轻人而言，目中无人是一个人最容易犯的低级人际错误。因此端正你的态度，不要因为你觉得上司不如你就失去基本的礼貌礼仪。端出一副很不屑的架子，这样下去只会让你失去一些人际，甚至被上司所厌恶。你最好的方式是用请教摆出一副尊重的姿态来给上司，让他感觉到你对他的重视和崇拜，做到了这两点你也就得到了他的心。

其实不仅对上司，对同事，对泛泛之交以至于对初入社会后遇到的每一个，我们都应该试着用请教的态度去相处，这样你在处世中才能赢得更多人的青睐。

"我对这个还是不太明白，您给我说说是怎么回事吧！""这个我真没有您了解，得好好向您请教请教！"这样的话没有多难说出口，回想一下在与上司进行交流的时候，你是否时常会有这样的话说出口呢？如果没有，那你可就少了一个与上司搞好关系的重要手段。下次再交流的时候试一试，相信一定能够取得令你惊讶的效果的。

【职场常识】

一个新人要想在职场上立足，不被上司认可是做不到的。因此我们就必须懂得，如何与上司搞好关系，时时请教上司就是最好的方法。大家不要将其误解为无能的表现，相反当你真的做到向其请教之后，反而会在上司心中树立起一个虚心而好学的形象。

离领导的私人世界远一点没有害处

任何人都有自己的私生活，当自己的私生活被人打扰到，尤其是被陌生人打扰到时，相信任谁都是会感到不快的，对于这一点相信读者们都没有异议。那么当我们把这个问题带到职场上来，对于领导的私生活，我们是否应该也有着这样的谨慎态度呢？答案自然是肯定的。

然而，我却发现这样一个问题，很多年轻人刚一进入职场之后都迫切希望和领导建立起一定的感情来，而有些领导也确实会对新人比较关照。这样一来二去，很多年轻人就会把领导当成自己的导师、朋友以至于兄弟，和领导的关系越来越近以至于不知不觉地踏入了领导的私人生活里，这样长久下去就肯定会出现问题了。

有这样一则寓言：一个小国的国王为了自己的国家不被邻近的大国所侵犯，只得委曲求全与邻国联姻，娶了大国国王的妹妹为妻。可是这个大国的公主实在不是一个省油的灯，长得丑不说，脾气还很刁蛮暴躁，不但爱吃醋容不下国王有其他的女人，而且还动不动对国王使用点家庭暴力什么的，弄得小国国王痛苦不堪，几次想和她离婚，但又碍于大国的面子不敢真的那么去做。

这小国的国王因为长期的压抑，终于有一天爆发了，他在外面又暗自结识了一个心仪女人。由于担心凶恶的王后知道此事，因此对这件事做得非常的隐蔽，只有身边最信赖的大臣才知道。这大臣很会讨国王的开心，因此被国王引以为亲信，很多事情都和他一起商量，而他也就自然在国王和外面的女人幽会上面为国王出了不少力。他不但帮国王找借口出宫，还主动担任联络人、向导和警卫的角色，因此更加为国王所信赖了。

然而没有不透风的墙，国王密会情人的事最终还是被那个泼妇王后给知晓了，她恼羞成怒扬言要找国王算账。国王一听立即吓得浑身出冷汗，但转念一想，自己的丑事除了自己和那女孩儿之外只有那个大臣知道，面对王后的追问自己选择不认账就可以了。但是这之前还要做一件事，那就是确保大臣也不承认，那么如何能够确保大臣不承认呢？最好的方法自然就是杀人灭口了。就这样，一个有着远大前途的大臣因为过多地介入了国王的私事而葬送了自己的生命。

这个故事告诉我们什么呢？就是不要过多地介入到领导者的私人生活中去。虽然对于职场上的我们来说不会有杀头的命运，但是一旦惹的领导不高兴，触犯了领导的忌讳，那么即便是扔过一双小鞋来也是绝对够我们受的。

2010 年 9 月，刚刚离开学校的胡晓丽通过应聘进入了一家公司做文员。因为晓丽聪明大方，手脚又比较勤快，因此很快就得到了公司上上下下的认可，尤其是公司的主管对她更是关照。

为了感谢主管对自己的关照，晓丽经常主动跑腿帮主管办一些无关紧要的琐事，而主管也经常在下班时带晓丽同行。这样一来二去两人的关系就超出了普通的上司与下属的关系，晓丽在心里已经把主管当成了自己的大哥哥，觉得自己现在已经成了主管的心腹，不但很有成就感，属于新人的那种拘束感在她身上也慢慢地消失了。

直到有一天，公司因为赶工期要加班，大家一直忙到晚上十点多才收工。满以为"大哥哥"会送自己的晓丽却被主管安排和其他同事们一起走，原来主管是还有一点儿收尾工作要处理。晓丽出了公司感觉到有点饿，于是便在附近的快餐店吃了点宵夜，吃完忽然想起主管还没有吃晚饭，就抱着讨好的心态买了一份饭给主管送去。

然而一进公司才发现，主管的房门虚掩着，她没敲门就闯了进去，结果看见主管的怀里坐着自己的女同事。两人先是一阵慌乱，然后又装出一副若无其事的样子，晓丽的脸一下子红了起来，她赶忙把饭放在主管的桌子上飞似的离开了。

从这件事以后，晓丽发现主管对自己的态度变了，再也不邀请自己搭便车了，而女同事也总是刻意地躲着自己。为此晓丽无比得苦恼，她觉得问题肯定出在那天晚上的事情上，于是便发了一封邮件给主管：我是一个开明的人，也是一个宽容的人，我不会做傻事的。

然而不发还没事，邮件发出去第二天，晓丽就觉得事情变了，主管对自己的态度从尴尬变成了恶劣，没过多久整个公司都传开了主管与女同事暧昧的消息。而晓丽也在这样的消息中被主管整肃，调到一个下级部门当仓库管理员去了。

晓丽的问题出在哪里？就在她窥视到了主管的私生活上面。如果不撞破主管和女同事的猫腻，晓丽至今还是办公室炙手可热的文员，主管也还是那个照顾她的大哥哥。由此读者恐怕要相信我的说法了吧，个人生活中的隐私就如同雷区一样，这雷区不因为彼此的关系好就会消失，反而当你踏入对方的雷区之后，你们的关系也会瞬间发生质量的变化。对于身处职场中的年轻人来说，这一点是一定要记牢的。

【职场常识】

与上司的关系好是好事，但凡事过犹不及，当你们的关系好到超出了一般的工作关系时你可就要危险了，这时你已经离雷区不远了。一定不要因为一时冲动而介入到上司的私生活中去，否则的话等待你的就只能是职场失败这一条路了。

淡化功劳，把自己的光环让给领导

我们先思考这样一个问题：如果我们是一个建筑工程师，为一栋大楼画好了整个设计施工的图纸，接下来看着工人们一步步把我们设计的大楼盖起来。最后大楼完工了，有个人跑来说："这大楼盖得可真漂亮！全是工人们的功劳！"听到这话时我们的心理会怎么样呢？是认为别人说的对呢？还是在心理产生些许的不平："大楼可是我设计的！"我相信后者肯定是占绝大多数的。

道理是一样的道理，只不过我们的角色会改变一下，对于大多数初入职场的年轻人来说，我们所要扮演的角色并不是画图纸的工程师而是搬砖砌墙的小工。那么当大楼改成时，我们要做的是居功自傲呢？还是把工程师推倒前台，淡化自己的功劳把光环让给他呢？这个问题是非常值得我们思考的。

为什么我不直接说应该做后者而是要大家思考呢？答案就是很多年轻人对这点问题想不通，他们会认为自己努力换来的成功就应该由自己享用。对于这样的看法我提出两点异议：其一，功劳真的是你一个人得来的而没有其他人的努力吗？其二，如果在你成功的过程中你的上司不是帮助你而是为难你，那么你的成功还能够实现吗？如果对这两个异议你的答案都是肯定的，那么你可以"独领风骚"，但不幸的是，对于大多数年轻人来说，他们的答案却是否定的。

因此我要提醒初入职场的年轻人，当你有了功劳之后要尽量将其归之于领导的身上，至少要把一部分归到领导身上。这并非什么原则性问题，但却是职场生存所必须掌握的人情世故之一。

奔波了几个月，胡珍珍终于应聘到一家房地产公司担任售楼小姐；更幸运的是，她遇到了一位非常投缘的上司。

上司陆千千是一个漂亮又干练的职场女性，在公司是出了名的业绩之王。从珍珍一进入公司她就教珍珍如何看懂各种各样的户型图，告诉珍珍如何揣摸看房客户的心理，有几次，陆千千还把她的客户介绍给珍珍。这些客户都是看了几次房的，购买的可能性很大，尽管最后都没有谈成，珍珍却有了锻炼的机会。在珍珍看来，陆千千就像是自己的大姐姐一样照顾自己。

后来，珍珍凭借真诚和勤奋打动了客户，她的订单逐渐多了起来，甚至近几个月的销售在公司名列前茅。然而随着事业的进步，珍珍却又一丝的失落，因为她渐渐感到了一丝来自于大姐姐的变化。

某天，上司陆千千以"珍珍上班离公司太远了，调换一下可让珍珍双休日休息"为由调换了珍珍的上班时间，接着珍珍还会时不时被上司吩咐出去公干。可事实上，每当珍珍出去，珍珍前面接待的客户就来，而接待他们的就是自己的上司陆千千。

知道事实的珍珍不得已"越级上诉"，结果却适得其反，不但自己的投诉没有得到正常的受理，还在公司里被"边缘化"了——部门的例会珍珍常常会"一不小心"地接不到通知；中午吃饭时，她也总是形单影只；偶尔上班迟到，她立马会得到上司的公开批评。

这样的事越来越多，珍珍为此失落极了，她将自己的苦恼说给了一直在追求自己的一个公司高层，想从高层那里得到一些答案。最终，高层通过了解知道了珍珍之所以被如此对待的原因。原来公司每个季度都有优秀员工奖励，上个季度的得奖者自然是珍珍，然而在上报的得奖感言和经验总结中，珍珍居然没有提帮助自己成长的陆千千一个字，这自然招致了陆千千的不满，认为珍珍是忘恩负义，因此才会采取极端手段来打压她。

不争人之功，不忘人之助，这是人际交往中重要的原则，更不要说你面对的是对你的职业生涯有着重要影响的上司了。因此，但凡是会为人处世的人，在自己取得了一定的成绩之后是绝对不会忘了自己背后站着的领导者的。而把他们抬出来风光一下，非但不会抢自己的风头，还会让自己显得更加的谦虚，这何乐而不为呢？

当然，有年轻人会说我如此的说法是中国人的中庸厚黑，其实并非如此，无论是东方还是西方，对于这个问题大家的看法都非常的一致。

这并不是什么中庸和厚黑，而是作为一个成熟者应有的心态和思维方式。

当 AC 米兰俱乐部拿到联赛冠军时主教练阿莱格里面对着镜头说的是什么？他说的是一切归功于老板贝卢斯科尼；当科比拿到 NBA 总决赛冠军时他感谢的是谁？是自己的教练菲尔·杰克逊。

可能很多人都不知道俄罗斯有一个名为"波尔金村"的典故，这个典故是怎么来的呢？原来是波尔金是叶卡捷琳娜女皇的下属。在女皇一次与外宾经过伏尔加河畔时，他提前命人延河岸构建了一大批用硬纸板搭建起来的漂亮的"房子"。这些房子虽然没用实际用途，但却让女皇在外宾面前脸上有光，而他也因此得到了女皇的赏识。

看吧，连一向直率的俄罗斯人也明白做下属的艺术，就更不要说在我们这个本来就极端重视人际交往的人情社会了。因此，我要奉劝我的读者们，当下一次再有功劳出现在你的面前时，先不要忙着说"却之不恭"，想一想你的背后是否也有一双眼睛也正在盯着它。如果有的话，那么你就应该站起身来把他让到前台，如此才不失为一个成熟的年轻人，一个会来事儿的下属。

【职场常识】

成人之美是人际交往中重要的原则。如果上司有对荣誉的需求，那么果断地把功劳让给他就是最好的选择。毕竟对于一个年轻人来说，相对于一些可有可无的功劳，得到上司的认可是更为重要的。

不要怠慢公司里默默无闻的小人物

罗大佑有首歌叫《野百合也有春天》。在歌中他这样唱到："就算里留恋开放在水中娇艳的水仙，别忘了寂寞山谷的角落里野百合也春天。"单从歌词的字面意思我们就不难理解罗大佑的意思，不要轻视那些小人物，终有一天他们也会做出令你震惊的事来。

美国作家马里昂·普佐在其小说《教父》中借"老头子"尼科·科里昂的口说出过这样一句话："永远不要肆意去得罪任何人，你必须明白一个道理，那就是即便是再平庸的人，如果他足够留心，也是可以达到报复一个大人物的目的的！"

不要去得罪或怠慢那些默默无闻的小人物，尤其是在职场中。这些小人物看似没有什么作用，但却可能在你成功的路上起到一些关键性的作用；而如果不小心得罪了他们，弄得自己四面树敌，那么你的职业生涯也就不可能顺畅了。

有些年轻人可能认为，在职场上需要自己尊敬的是比自己强的人，比如老板、上级、经验丰富的老员工等等；然而，真实的情况是你要尽量去尊重每一个人，即便对方只是传达室的值班人员或者打扫卫生的环卫人员。虽然让你一视同仁困难了些，但你也不能太过怠慢他们。想一想，在职场上每个人都说你好话与大多数人说你坏话所带来的影响肯定是不一样的，更不要说他们还不是只能说坏话而已。

何怀英已经在公司任职四年了。在这四年里他一直兢兢业业，可以说为公司的发展和壮大立下了汗马功劳。无论从工作能力还是从资历上来看，他都不输于同级别的任何一个人，然而在最近公司评选主管的时候，他却落败了，败给了一个叫周士的同事。

无论从能力上来说还是进公司的时间上来说，周士都与何怀英有着一定的差距，因此对于此次评选，怀英自然是满心愤恨，非常不服。第二天中午吃饭的时候，一向不喝酒的怀英喝了几杯，带着几分醉意，他直接奔向了经理办公室。看着怀英怒气冲冲的样子，几个同事缩在角落看都没有看他一眼。

怀英进门后就一屁股坐在经理面前，经理看到何怀英一言不发，心中大概也知道是为了什么事，又见他喝了酒，就先开了口："小何，我知道你心里面不痛快，可这是公司的决定，以后好好努力，会有机会的……"

经理的话还没说完，怀英的火就上来了，大声嚷道："以后，以后是多久？我来公司已经四年了，一个主管的位置都不能给我，我还图个什么以后啊，我？"经理对怀英的印象一直都还不错，可见了怀英满身酒气心中却是不快，现在怀英竟然还借着酒劲儿发疯，经理一下子也火了："小何，你得注意你的形象！发什么疯，你要是还想干下去，就老老实实回去；不想干了，就马上走！"

怀英一听，还真的来劲儿了，拍着桌子大吼一声："走就走，谁稀罕你这点破工资啊！"说完转身就离开了办公室。酒醒之后，怀英悔恨不已，毕竟在公司已经干了4年，这可不是一个短的时间。可是经过这么一闹，公司是不可能再待不下去了，几番挣扎之后，第二天就递了份辞职信给经理。

经理对于怀英的离去也是觉得有些可惜，毕竟怀英也曾为公司做过贡献；可怀英也是他不能留的，留下了怀英以后的管理工作会非常不好做。可能是出于对怀英的愧疚，也可能是察觉到了怀英的悔意，在怀英临走前经理总算对他说了几句真心话，他说："小何，提拔谁这事儿不是我说了算的，你也知道，这是综合了大家评选结果来决定的。你能力不错，可是得注意控制一下你的脾气。我不是说你对我闹情绪，而是同事之间。知道为什么这次没有提拔你吗？这是大家的意思。你看周士，对刚来公司的同事都是和和气气、有说有笑的。"

何怀英听了经理的话，一下子明白了事情的缘由。原来怀英在平日里非常不注意和同事搞好关系，尤其是那些庸庸碌碌的同事们，怀英打心眼里瞧不上他们，因此几乎从没给过他们好脸色，动不动还对他们冷嘲热讽。而这次评选，大家把平日里积蓄的对怀英的不满全部释放了出来，可以说怀英之所以没有被提升主管，根本的原因还是在自己身上。

很多初入职场的年轻人认为，在公司里只要尽心尽力取得优异的成绩，赢得上司的赏识就可以了。在这样的心理影响下，他们对于公司里的一般人员则没有给予应有的尊重和礼貌的想法，认为得到他们的协助是理所应当的。所以平日就选择无视他们，甚至动辄对他们指手划脚，这可就陷入了何怀英的误区里面。

事实上，职场内有些人的职位虽然不高，权力也不怎么大，跟你也没有什么直接的工作关系，但是，他们所处的地位都非常重要，他们的影响无处不在。他们的资历比你高，经历比你多，要在你身上找点毛病，给你的前途加障碍实在是易如反掌。因此对于他们你是不能不重视的。

【职场常识】

众人一心，泰山可撼；众口铄金，积毁销骨。永远不要小看小人物的作用。当这些小人物"百川汇流"，也是能够在你的职业生涯中起到关键的作用的。

不要鄙视拍马屁的同事，攀龙附凤是人的天性

无论在机关还是在企业，只要是职场上就存在两种人，一种是扎实肯干的实力派，另一种则是在工作能力上稍逊于他们的"偶像派"。而且，如果我们注意观察就会发现，这些"偶像派"虽然没有什么突出的能力，但境遇却往往好于那些实力派。那么造成这类现象的原因是什么呢？答案是关系。这些"偶像派"很会揣摩领导的意图，能用一切的手段讨领导的欢心，也正因为如此他们才被我称为"偶像派"。

《铁齿铜牙纪晓岚》这部电视剧大家都看过了，剧情虽然和历史真相有着巨大的差距，但剧中王刚老师扮演的权臣和珅却为我们很好的诠释了"偶像派"这一形象。无论是处理军国大事还是诗词歌赋，和珅都不如纪晓岚，然而在与纪晓岚争斗的过程中却往往能够打平手，究其原因就因为他背后有乾隆皇帝这个支持者。而如何获得乾隆的支持呢？就是靠着和珅不断地揣摩圣意，溜须拍马了。

当然，对于我们现在心高气傲的年轻人来说，让大家进入职场就去做以溜须拍马为求"升"之道的"偶像派"，大家是肯定不会干的。因此我要说的也并不是教大家如何去溜须拍马，而是想告诉大家另一个道理，那就是虽然我们不屑于对领导献媚，但对于溜须拍马的同事我们也是不能够鄙视他们的。

再回到刚才和珅与纪晓岚那个例子中去：相传有一次身为户部尚书内阁大学士的和珅正和兵部侍郎的纪晓岚饮酒，还有一位御史在下首作陪。在当时尚书是从一品官，侍郎是二品官，御史则是从五品，无论从官职还是品级和珅都远远高于两人，因此饭桌上御史对于和珅甚是恭敬。

正巧此时一只狗从三人桌前跑过，和珅灵机一动，指着狗问道"是狼是狗？"是狼和侍郎谐音，两人都听出了和珅的意思是要给纪晓岚一个

难堪。结果，纪晓岚立即接口道"狼还是狗要看它的尾巴，上竖是狼，下垂是狗！"上竖和尚书谐音，一句巧妙的应答把和珅给顶了回去，纪晓岚自然洋洋得意。

按理说面子找回来也就算了，但纪晓岚想到刚刚御史那副谄媚的姿态心里厌恶，就继续说道："狼是只吃肉的，狗这东西可救不了，它是遇肉吃肉，遇屎吃屎！"遇屎和御史谐音，言外之意把御史也给骂了。

御史没妨碍纪晓岚什么却莫名其妙地被骂了一顿，自然怀恨在心。御史便想找机会报复纪晓岚，终于让他找到了机会参了纪晓岚一本。虽然没给纪晓岚造成多大的打击，但也很是让纪晓岚难受了一段时间。

想想我们现在的年轻人，有多少有着纪晓岚这样的行为呢？一遇到看不惯的人和事动辄嘲笑讽刺。须知你的嘲笑并不能改变别人什么，但让别人对你怀恨在心那么你的职业生涯可就危险了。

因此我要告诫年轻读者们，对于那些总喜欢溜须拍马的同事，即便不喜欢也不能够和他们撕破脸皮。再说溜须拍马也没有什么本质性的错误，人家无非是想让领导对自己印象好一点，攀龙附凤本就是人的本性！

二十出头的许晴在某设计公司策划部实习，可能因为年轻气盛，从不会掩饰自己的脸色。所以每当大家在一起讨论问题时，只要讨论结果稍微和自己有了一点意见上的分歧，她便显现得十分激动，据理力争，搞得整个局面尴尬万分。时间一久，大家几乎都不怎么喜欢和她在一起办公，而且平时也不喜欢和她来往。

这天，在一个方案策划会上，许晴又和大家闹翻了脸。在会上，领导把自己的策划思路先提了出来，并且得到了大家的一致认可，有几个人甚至赞叹领导的思路真是"天才之作"。然而此时许晴却站了起来，当面指出领导策划思路中的很多不足，并讽刺那些夸耀领导的人是根本就不懂设计，完全只知道溜须拍马。

许晴的意见不可谓不中肯，但如此贸贸然得罪领导和同事还是让他付出了代价。不但领导因为下不来台对她怀恨在心，同事们也纷纷将矛头对准了她。就这样许晴成了众矢之的，不得不黯然地离开公司。

在许晴离开公司之前，一个比较厚道的同事大姐找到了她，对她说："你是个很有能力的人，但你的为人处世方面却实在太差了。领导的策划思路有问题难道其他人看不出来吗？为什么只有你当面指出来呢？就是因为大家知道当面给领导下不来台是不会有好结果的，既然最终的任务还是要咱们员工做，那么在具体做的时候按正确的套路修改一下不就好了，又何必给领导难堪呢？再说那几个夸奖领导的同事，他们不过是想给领导一个好印象罢了，只要具体工作做好了，拍几次马屁又有什么错呢？"

听了同事大姐的话，许晴没有再说什么，可是她的心里还是很不平，为什么自己这么正直却要被赶走呢？在她看来，职场真是太黑暗了。

职场黑暗吗？从某种意义上说是的，然而却绝没有到许晴认为的那种地步。许晴的遭遇更多要怨她自己。试想有谁愿意被人当面贬损呢？又有谁没有说过违心的恭维话呢？说一些恭维话、拍一些马屁，这在人际交往中是十分常见的。职场说到底也是一个人际交往的场所，如果连这一点你都看不明白，那么你如何能够混好职场呢？

因此我说，对于那些溜须拍马的同事，如果你看不惯那只要选择不"同流合污"就好了，千万不要摆出"举世皆浊我独清"的姿态来反衬他们。要知道一个"鹤立鸡群"的人最终的结果一定是被"鸡群"所排挤。

【职场常识】

想让别人迁怒于你最好的方法就莫过于拆穿他的阴谋了，讽刺同事的溜须拍马就是这样的行为。作为一个溜须拍马的人，他也是知道自己的行为不太光彩的，这时你非但不装聋作哑反而面斥其非，那么他对你的愤恨就可想而知了。

在办公室里，你要参透老二的学问

大家熟悉好莱坞电影的话，肯定知道摩根·弗里曼这个人，这是好莱坞历史上最著名的黑人演员之一。在几十年的演绎生涯中弗里曼受到了业界的一致认可，与他合作过的无论是明星还是导演都对他赞不绝口。然而值得一提的是，在大部分的演出作品中，弗里曼总是以配角身份出现在银幕上的。

弗里曼几乎成了配角的代言人，无论是早期的《肖申克的救赎》、《七宗罪》，还是最近的《百万美元宝贝》，弗里曼出演的都是配角。可以说弗里曼深谙配角之道，他从不抢戏，只安心做好主角的陪衬，也正因为如此才使得他成为最受主角青睐的合作伙伴。从过去到现在，好莱坞的当家明星换了一茬又一茬，但作为配角的弗里曼却成了铁打不动的人，永远也不缺片约。

没有谁不想当主角，然而对于很多人来说，现实的情况却是没有办法成为主角或者暂时没有办法成为主角。如果是一个聪明的人，当处在这种环境中时就应该安心做好配角，参悟好做配角的方法，一步步成为主角所不可或缺的合作伙伴。

人生是如此，职场也是如此。对于职场上的主要配角，我们一般将其定位在领导之下，但又区别于一般同事的位置。有些年轻人很幸运，刚刚进入职场就能够被领导所器重，处在一个不错的位置上面。然而，当取得了这一小步成绩之后有些人就开始有些飘飘然了，进而妄想取代领导，这就犯了职场上最大的忌讳；还有一些人则不然，他们不会妄想取代领导，而是因为自己的地位提升而感到无所适从，进而迷失在"主力配角"上面。

赵舒在某家公司做经理助理都快三年了。经理助理这个位置虽说不算什么官，但却可以直接对经理的决策产生影响，因此可以说是"一人之下万人之上"。上个月的时候，经理被提升为执行副总了，赵舒心想随着经理的高升，自己作执行助理的日子就指日可待了，那可是进入了公司的最高决策层，为此赵舒兴奋不已。

然而当任命结果下来之后赵舒却大失所望了，原来经理并没有把自己的名字报上去，而是带走了一个刚刚进入公司不到一年的新人。为此赵舒十分郁闷，心想为什么是那个看不起眼的员工，而不是自己呢？赵舒认为可能这其中的主要原因就是那个人是个"马屁精"，他是靠"拍马屁"爬上去的。赵舒对此很不解，怎么在这种强调能力至上的私企中也要靠"拍马屁"才能提升上去呢？

后来与同事的聊天中赵舒明白了事情的缘由，原来对方的被提升并不是靠什么"拍马屁"，而全是因为自己作为经理助理期间的愚蠢表现。赵舒有一个他认为"很好"的工作习惯，那就是对于下属的报告，他大多都是拣重要的上报给经理，一些小事就自己决定了。因为跟了经理这么长时间的他已经大概明白了经理工作的风格，这样一来不但能够给经理减少很多工作量，还能够锻炼自己，赵舒为自己如此一举两得的行为感到满意。

然而正是这个工作习惯，久而久之让他在经理和其他员工心中留下了非常不好的印象。其他员工认为赵舒手里的权力大，因此对他开始越来越敬畏；而经理则认为赵舒有更大的野心，因此也在私下里对赵舒提防了起来，所以自己提升就更不能放一个可能分走自己权力的野心家在自己身边了。

赵舒这行为就属于我描述的前一种。虽然他本人没有意识到，但却让经理感觉到了威胁，可以说这正是他的失败之处。无论是赵舒这种还是后一种情况，相信都是我们不想在自己身上看到的。那么如何当好"主力配角"呢？这就需要参悟一下做职场老二的学问了。

老二是针对于领导来说的，因为无论在机关还是在企业，领导都被我们称为一把手，这样"主力配角"就自然是老二了。参悟做老二的学问，能够让你更进一步地得到领导的信任和青睐，也有利于你在其他同事面前树立起权威，帮你稳固自己的位置，获得别人的认可。

那么老二的学问又有哪些呢？我认为应该从以下几个方向去考虑：

首先，不能分领导的权力。无论手中的权力多大你都要记住，你头上还有一个领导呢！所以你要做到的就是安分守己做好分内事，不要试图去帮领导分担一些权力。就比如作为一个秘书，你可以给领导一些建议，但却不能替领导决定些什么，否则的话就只能被领导认定为要"抢班夺权"。

其次，不能抢领导的风头。这个问题我们在前面已经讲过了，这里不再累述。我只想补充一点，当你身处老二的位置时，你能够分得功劳的机会也是很多的，但一定要记住确保领导的功劳看起来多于自己的，如此才不会让领导和其他人感觉到本末倒置。

最后，要让所有人感受到你对领导的尊敬。这一点更好理解，对人的尊敬是人与人交往所必不可少的，对于高你一头的领导更是如此。只是需要我们特别注意的是你对领导的尊敬不但要让领导本人感受到，还要让其他同事也感受到，如此才能够给所有人树立一个既有权威又安分守己的老二形象。

【职场常识】

官大一级压死人，身为职场上的老二，在很多方面你可能确实比你头上的领导还强，在有些时候你也可能确实在起着比领导还重要的作用，然而这些都不是你架空领导的资本。一个人如果不安分守己的做好老二而整天梦想着成为老大，那么最后的结果很可能连老二都做不成。

宁可得罪十个君子，不可得罪一个小人

有句俗话叫"宁得罪十个君子，不得罪一个小人"，为什么会有这样的呢？因为在人际交往中，我们总不免要得罪到别人，如果对方是一个君子，那么我们得罪了他还不会怎样；但如果对方是一个小人，那么我们得罪他的后果可就严重了。

这句话在职场上也是同样的，在与同事或领导的相处中，我们一定要谨记尽量不要有意去得罪对方。如果对方是个小人，那么得罪了他就等于给我们的职业生涯埋上了一颗定时炸弹，随时有把我们炸伤的可能。李冰莹是一个公司的客户主管，经常要同客户处理很多实际问题。最近有一个关于新产品的发布会要在某酒店召开，为此李冰莹每天都要与客户讨论很长时间，甚至有的时候要开会到深夜。

发布会前夜，场地布置出了一点问题。因时间紧迫，客户要求李冰莹连夜随他们去酒店布置会场。客户就是上帝，李冰莹不敢怠慢，就随着客户赶往举办发布会的高级酒店。

然而没想到的是，同事肖柏敏在李冰莹他们走后便佯装关心地给李冰莹的男朋友打了电话："李姐今晚有工作，跟一个客户去了某某酒店了。李姐平时工作一忙，就什么都顾不上了。我怕你担心，就告诉你一声。别着急，可能得忙一个晚上也不好说呢……"

李冰莹的男朋友闻听此言，越想越觉得不对劲，赶紧驱车闯进豪门大酒店，准备"抓奸"。可当他到那里一看，却发现完全不是那么回事，他们这才明白，原来是小冉故意借关心的名义给她捣鬼。

事情还远远没有结束，没过几天，公司又开始盛传谣言，说李冰莹的主管位置是通过某种不正当手段弄来的，至于那些客户就更不用说了。随着谣言越来越旺盛，一些鄙夷的眼光和意味深长的微笑总是时时刻刻伴随着李冰莹，让她觉得如芒在背。李冰莹愤怒了，她没想到这个她认为最值得信赖的姐妹竟然如此阴险。

为什么小冉要在背后这么说李冰莹呢？原因就是在一件小事上李冰莹得罪过她。去年的一次年终会议中，李冰莹曾当大家面职责过小冉几个工作上的缺陷，就这让小冉一直怀恨在心了，所以才不停地找机会给李冰莹背后下绊子。

最后，在止不住的谣言中，李冰莹不得不离开了自己心爱的工作岗位，辞职去别的公司了。

李冰莹的遭遇让我们每个人都感到十分气愤，然而试想如果我们处在李冰莹那个位置上我们又能怎样呢？所以如果想要避免这样的苦恼困扰自己，我们就要注意职场上的小人，能不得罪他们尽量不要得罪他们。

然而俗话说："马勺哪有不碰锅沿的道理！"每一天的交往中想要完全不和人发生矛盾是不可能的，无论多么小心都难以避免得罪小人的事情在我们身上发生。所以与注意不得罪小人相比，我们更要掌握的是一旦事情已经发生，我们应该采取什么方法去补救。对此我给读者们以下建议：

第一，引咎自责，自我批评。如果不小心得罪了小人，而且是你理亏，那么就赶快去向对方道歉，诚恳地自责以换取对方的原谅。当然这一点需要你心理素质过硬，因为明知道对方是个小人你也要摆出诚恳的态度，这确实很难为人，然而为了自己能够安安稳稳地在职场中混下去，该忍的咱们就只能忍了。

第二，主动搭腔。伸手不打笑脸人。这个道理无论是谁都明白，因此即便对方是个小人，如果你赔上笑脸主动搭腔，对方也是不好意思再记恨你的。而且要知道，主动搭腔本身就是一个放低自己的姿态，对于恣睢又自傲的小人来说，当你放低自己姿态而给他一个高姿态时，他一般都会心悦诚服的。

第三，请人斡旋，从中化解。在职场上，无论是谁都总有个"亲的热的"，当你得罪了对方，自己出面又不好使时，可以通过和他亲近的人从中斡旋，帮助你化解掉两个人之间的矛盾。而且这么做还有一点好处那就是对于你得罪的人来说，一旦他接受了斡旋基本上就代表这件事过去了。如果他再背后对你搞小动作，那其实是把斡旋的人也得罪了。因此这个方法可以帮你成功应对那些不依不饶的小人。

能惹事儿就要能搪事儿，只有这样的人才算的上是一个优秀的年轻人。在得罪了别人尤其是小人之后，不要选择冷处理，更不要选择就这样让彼此成为敌人，要知道小人报复起你来是没有原则的，因此一定要掌握好应对小人的方法，如此你才能够不用害怕因为什么事情而得罪他们。

当然，还有一点要补充的是我所讲的不得罪小人只是小事情上的，有关于人际交往和职场生存所必要的心态，然而这并不意味着我们要不分黑白没有原则地容忍他们。如果是涉及原则性的大问题，该给他们以教训的时候也不要退缩。即便对方可能的报复再凶狠，在原则性问题上我们也是不能够向小人低头的。

【职场常识】

得罪君子，了不起大家不讲话，各干各的；但是，要是得罪了小人，事情可没完没了。因此即便是抱着多一事不如少一事的心理，我们也是应该尽量不去得罪那些职场小人的。

第九章

切勿偏执，不是黑的，未必就是白的

听话不要只听一半

可能大家都还记得，在 2008 年汶川地震时，中国著名企业家王石先生曾经因"不当"言论而引发轩然大波，在强大的"民意"之下，王石先生不得不出面道歉。而时至今日，越来越多的证据证明了王石先生当时那些话的正确性，只不过是被一些别有用心的媒体断章取义地歪曲了，从而引起了一些"正义之士"的愤怒。

断章取义，这向来是很多没有职业操守的无良媒体吸引人眼球的法宝。比如你说一句话："中国人如果没有怜悯之心就不配被称为人！"在那些无良媒体的嘴中就会瞬间变成了你说："中国人不配被称作人！"这样的爆炸性话语说出口，可想而知会给你带来多大的负面影响了。

无良媒体会有意的将我们说的话断章取义，从而引起混乱。而在我们的人际交往中，也会有断章取义的情况出现，只不过这些情况大多都是无意中造成的，比如听话只听一半。

生活节奏越来越快，人们也开始变得越来越急躁。在急躁的人群中我发现这样一个问题，那就是人与人之间的交流变得越来越困难了。很多人总喜欢不停地说，却不喜欢听听别人怎么说，以至于很多时候别人的意思还没有表达清楚，他在心里就已经做好了判断，这也就是导致了因误会而发生的人与人之间的矛盾越来越多。

曾经有一位知名主持人做一档节目，在节目中有一个嘉宾是个小朋友。主持人对他说道："小朋友，你能告诉我你长大以后想做些什么吗？"

"我长大以后要当飞行员，开飞机在天上飞来飞去！"小朋友天真地回答。

"那如果有一天你驾驶的飞机飞到天上时，突然出了意外，没油了你该怎么办呢？"主持人接着问道。

小朋友想了想，说："我会告诉坐在飞机上的人们都绑好安全带，然后我挂上我的降落伞跳出去。"

听了小朋友如此的作答，现场的观众一时笑得东倒西歪，然而他们却没发现，此时的孩子已经留下了热泪。

看着委屈的小朋友，主持人只好安慰似地道："你为什么要这么做呢？能告诉哥哥你想干什么吗？"

此时小朋友擦了擦眼泪，抽泣着回答了一个令全场观众都惊讶的答案："我要去拿燃料，我还要回来！"答案虽然幼稚，但却能够看出这小朋友有着多么善良的心。

想想看，观众们为什么会笑这个小朋友呢？无非是因为他的回答让大家觉得这孩子也太狡猾了，然而真实的情况却又如何呢？大家只不过听到了话的前一半，后一半小朋友还没有说出来呢！

那么试着回想一下，在我们的生活中是否也有着这种因为听话只听了一半就对对方下定论的事呢？答案是肯定的。因此我要告诫读者，尤其是那些初入社会心浮气躁的年轻读者，在与人交流的时候一定要让对方把话说完，到完全弄清对方什么意思之后你才能够下定论。

再给大家讲一个故事：大家都知道战国时那个荆轲刺秦的故事，燕国太子丹为了能够刺杀秦王，于是就百般讨好此刻荆轲，意图创造士为知己者死的效果。

一次，太子丹特意宴请荆轲，并在宴会上，叫来一个能琴善乐的美女为荆轲弹琴助兴。荆何听着这悦耳的琴声，在看看弹琴的美人，简直痴迷了。那美女不仅姿色绝代，而且那双纤纤素手，尤其白嫩、灵巧。手指拂过之处，一串串美妙的乐声响起，简直是惊为天人。荆轲不禁魂飞天外，连连称赞："好手！好手！"并一再表示："但爱其手。"

听到荆轲的称赞，太子丹立即命人来，将美人的双手斩断，放到一个盘子里，送给荆何。荆轲一见那双血淋淋的手，立即惊出一身冷汗，一点兴致也没有了。更可怜的是那个美人，只因为荆轲的一句称赞就失去了双手。

德国哲学家黑格尔曾经说过："割下来的手，失去了它的独立的存在……只有作为有机体的一部分，手才获得它的地位。"同样的，如果将别人的话从中斩断，其结果也就如同斩下来的双手一样，既不见全貌也没有实际意义。

年轻人总是喜欢用对和错、黑与白来评判事物，仿佛任何的事情就只有这正反两面。其实未必，在很多时候都是黑中有白而白中又有黑的。那么在黑白混杂的环境中我们如何来给事物定位呢？要领就在摸清它的全貌。这个道理用到人与人的交往之中就是看人要看全，听话要听完。

一个人没有看全就品头论足，那你的品评就是不可信的；一句话没有听完就下结论，你的结论很大几率就是错的。所以我说，在与人交往尤其是交流的过程中，一定要让对方充分的把自己的意图说个明白，把对方的话听个明白，如此才有助于你更好地与人交流、交往，为你找到真正的朋友。

【职场常识】

俗话说"听话不清如钝刀子杀人"，在人际交往中如果不等对方把话说完就下结论是很耽误事的，彼此会因为信息不对称而产生很多误会。而如何避免这些误会呢？最简单的方法就是把话听完。

做人要真诚，不等于处世不变通

从小到大我们所碰到的每一个长辈都告诉我们要真诚待人，真诚是人与人交往中最重要的一点。只有我们以真示人、以诚待人，才能够换来别人对我们的真心。对于这一点，我并不否认，而且当我教育晚辈的时候我也是会如此的说。

然而，我要强调的一点是，真诚绝不是憨直而不通世故，更不是处世一板一眼完全不懂得变通。一个成熟的人应该真诚而不失变通，如此才能够更好的与人交往，才能够成为更受欢迎的人。

我举一个例子，假设在某次茶话会上，一位领导站起来发言，在他发言的时候用错了一个成语，此事被你察觉到了，你会怎么做？如果你是一个懂得人情世故的人；你会假装没有察觉到而等他发完言到没人的地方再小声告诉他；而如果真个人是个不通情理的人呢？他就会"面斥其非"，当面指出领导的错误，这就难免不招致领导的厌恶了。当然如此的行为在你的心里肯定还觉得是真诚的表现呢！毕竟指出错误是为了让领导改正之后进步嘛！

从这一个简单的例子里就能够看出，真诚而憨直与真诚而通情理的人在行为上是截然相反的。两者孰高孰低不用我说，大家自然有评判了。不懂得变通如果只是会给我们的社交带来这样"小事故"的话那倒也没什么，最多不过是不受人待见罢了，然而在有些时候，不懂得变通却是要坏大事情的。

小吴是一家质检公司的质量员，专门负责其他小公司委托该公司的外协质量验收工作，所以需要经常出差。因为是刚刚毕业的大学生，小吴对工作很是投入，对于交到自己手上的任务总是细心又认真地检测，真可谓是一丝不苟。

因为以往的外协质量员出差验收一个工程的周期大约为三天左右，所以，精益求精的小吴也常常要求自己在三天内完成工作，准时回来向领导汇报工作。然而这一次，要处理的外协项目工程量突然增大，以往只是两条线的工作量，这一次猛然增到四条线的工作量。小吴仍保持着对工作认真负责的态度，最后在三天内力克万难，毅然完成了任务。

然而令小吴没想到的是，回到公司之后非但没有得到领导的赞扬，反而受到了开除的处分。原来，结果工程设备质量本来就存在着明显缺陷的，但由于验收周期的缩短，许多细节都被小吴给忽略掉了没有检查出来。这些细节问题在小吴走之后全部暴露出来了，因为设备已经上马了，这次的问题猛一暴露导致了四条生产线全部瘫痪。就这样，公司作为质检方自然要负全部责任，不但要重新检测，还要包赔对方全部损失，而作为整个工程经手人的小吴自然要为此付出相应的代价了。

保证在公司要求的时间内完成任务，小吴做人足够真诚了，可就是不懂得变通。工作量突然增加谁也料想不到，既然这样的话那就应该给公司打报告再留一段时间好仔细地完成任务，但他却拗在公司的规定里面，最后只能落得一个被开除的下场。

做事是如此，与人交往更是如此。做海瑞那样耿直的人不可谓不对，但却不能为社会所容纳，为他人所青睐。有人曾经这样评价海瑞：他是个清官，是个好官，但也是个没用的官！像他这样的官只能被人当神仙供起来，却不敢让他做什么实际的事。

为什么没人敢用海瑞呢？我说一点大家就明白了。明朝建国时的皇帝太祖朱元璋因为痛恨贪官，因此创了一个剥皮的酷刑对付贪污的官吏，凡是官吏贪污超过二十两的一律剥皮。如此的酷刑，在朱元璋死后就被废除了，然而到了海瑞这里，他居然提议皇帝恢复此刑法。要知道，海瑞所在的嘉靖朝那时已经处于明朝中叶了，社会商品经济非常发达，开国时能够买几间大房子的二十两银子到了此时也就仅够普通人家支用几个月而已。为了几个月的饭钱就要剥人家皮，试想有谁敢真的把权力交给他呢？

看了我的解释，相信读者都应该明白为什么海瑞在历史上被捧得特别高，但却不见他有什么伟大的功绩见于青史了吧！因为不懂得变通。所以无用，因此我们要想做一个有用的人，就要学会变通。

萧伯纳曾经说过："明智的人使自己适应世界，而不明智的人只会坚持要世界适应自己。"变通是天地间最大的智慧。每个人都有自己的处世原则，然而如果原则过于繁琐，太过执拗于原则，那么无论是做事还是与人交往都会让人觉得束手束脚的。

　　所以我现在强调变通。想想那些在社交领域如鱼得水的人，那些在行业中出类拔萃的人，他们难道没有自己的原则吗？未必！然而他们懂得变通，懂得在需要从权的时候改变自己，所谓识时务者为俊杰就是这个道理。

【职场常识】

　　无论是做事还是社交，头脑灵活的人总是要比那些行事呆板的人取得更好的成绩，两者的差距在哪儿，就在于懂不懂得变通上面。

凡事留一线，日后好相见

大家应该都看过了电视剧《潜伏》，有人说该电视剧简直就是社交与职场的指南。对此我不太敢于苟同，但是在剧中有这样一个情节还是让我非常的深刻，很多读者看这一段时很可能都一笔带过了。

陆桥山想方设法陷害李涯，结果被李涯将计就计狠狠地算计了一把，不但暴露了以往的行为，还坐实了吃里爬外的口实，弄得站长十分生气，扬言要就地正法他。出事之后，陆桥山的太太找到"老好人"余则成，想求他为陆桥山说说情。余则成是不是出于真心去为陆桥山说情我们不得而知，但反正他是去了，而让我印象深刻的就是他说服站长的那一套说辞。

余则成对暴怒的站长建议把陆桥山送到南京去，怎么处理让南京看着办。余怒未消的站长认为那是便宜了陆桥山，并说出了"我就地正法了他"的气话。听了站长的气话，余则成是如此说的："陆处长和郑介民的关系在那里呢！是，您就地正法了他，郑局长也不能说什么，但面子上终归是过不去的嘛，以后咱们天津站难免还要与上面发生什么问题，到时候因为这事儿郑局长扔下一双小鞋来，您说您是穿还是不穿，两边都难受。干脆就直接把他送南京算了，让郑介民自己处理。你要是还出不了这口气，把报告写重一点不就完了嘛！"

当然，需要解释的是当时吴敬中是保密局即军统的天津站站长，而郑介民是保密局的局长，也就是说吴敬中实际上也算是郑介民的下属，虽然这个下属的权力比较大并且并不直接为上级所控制。

这件事最终的结果是怎么处理的呢？站长想了想便平息了怒火，把陆桥山押送南京了。为什么这么大的事情一夕之间就发生改变了呢？因为站长也不是傻子，作为一个老牌官僚，他更懂得人情世故上面的猫腻。

他之所以忍住愤怒不制裁陆桥山的原因就是抱着"做事留一线，以后好见面"的念头。如果现在处置了陆桥山其实就等于和郑介民撕破脸皮了，虽然一时之间郑介民不能拿他怎么样，但山不转水转，谁敢保证他以后没有用得着或者犯在郑介民手里的时候呢？今天的一时冲动到时候可就会演变成一场灭顶之灾了。

俗话说三十年河东三十年河西，在社交场合没有人能够永远处于强势，因此无论做什么事，我们都要给自己留一条后路，要想到以后如果有求于对方会怎么样。如此的话就不至于让行为走入极端，进而做出以后不好见面的事情来。

我们看到那些成功者，他们大多秉承一个信条那就是尽量不要把事做绝，要给双方一个回旋的余地，在有必要的时候自己甚至可以让步一点以换取一个缓和的空间。而那些先让步的人，到最终是几乎没有谁是真正吃亏的。

奥利弗是一位经营建筑材料的商人，主要的产品是建筑用的砖瓦。一直以来他的生意都非常不错，然而最近由于一个对手的恶性竞争，他陷入了困境。对方在他的经销区域内定期走访建筑师与承包商，告诉他们奥利弗的公司是多么地不可靠，他砖块质量又是多么不好。因此一时间，奥利弗大多数的合作伙伴跑到了对方那里，奥利弗的生意面临着停业的危险。

这件麻烦事却使他心中生出无名之火，真想"用一块砖头敲碎那人肥胖的脑袋"，以作为发泄。然而奥利弗却没有那样去做，他选择了另一种做法，那就是主动让步。

一天下午，奥利弗在安排下周日程表时发现住在弗吉尼亚洲的一位顾客，正为新盖一栋办公大楼寻找一批砖，但他所指定的砖却不是奥利弗的公司所制造供应的那种型号，却与奥利弗的竞争对手出售的产品很相似。同时，奥利弗也确信那位满嘴胡言的竞争者，完全不知道有这笔生意机会。

如果是出于内心的愤恨，奥利弗希望对手永远也得不到这笔生意，然而理智告诉他这是一个缓和双方矛盾的好机会。奥利弗拿起电话拨到了竞争者的办公室中，把这个消息告诉了对方，并且答应对方推荐他来做这笔弗吉尼亚的大生意。

第九章　切勿偏执，不是黑的，未必就是白的接到奥利弗的电话，对方难堪得说不出一句话来，他结结巴巴地与奥利弗通完了电话，很明显对方为奥利弗的行为感动了。不久，奥利弗让步就起到了作用，对手不但停止了散布有关他的谎言，甚至还把他无法处理的一些生意转给奥利弗做。现在，除了他们之间的一些阴霾已经获得澄清以外，奥利弗还多了一个同行业的伙伴。

面对对手的不正当竞争，奥利弗当然有愤怒的理由，他也可以撕破脸皮去报复对方，然而这样做的结果就为自己在行业中树立了一个敌人。以后两个人一旦有什么接触，那就肯定是争斗，而且不是你死就是我亡。即便奥利弗有一半的几率能够取胜，那么也可能还有一半的几率失败。

而奥利弗选择了退让，那么就给了双方一个讲和的机会。而事情的发展也如同我们预料的那样，战争停止了，奥利弗为自己以后的成功路上寻找到了一个伙伴而并非一个敌人。因此我们可以看到，当我们与别人的争执已成既定事实的时候，我们就应该学会让步。这是一个人赢得尊重的方法，也是为自己消灭敌人最好的手段。

【职场常识】

两座山到不了一起，两个人却总有碰面的时候。今天你因为一件事和对方撕破了脸皮，难保明天对方不会在你背后捅刀子。所以我要奉劝我的年轻读者，能够让步的时候还是应该选择让步的，你今天让出的一小步很可能为你换来明天的一大步。

别小看那些没有原则的人，他们才是真的聪明

年轻人总是喜欢两极思维，认为什么事情不是对的肯定就是错的。他们大多称这为有原则，并因此斥责那些相对来说比较圆滑的人，骂他们"没有原则"。然而，我要说的是，那些没有原则的人并非都是坏人，而且他们当中大多数人的成就要远远好于普通人，因此可以说这些没原则的人在很多时候才是真正聪明的人。

为什么说没有原则的人是聪明人呢？这是因为在很多时候，我们坚持的原则会成为我们为人处世的一种障碍。此时如果想要继续前进，我们就要适当地把我们的原则改变一下，以此来适应形势而更好地办事或处世。其实我们可以说这些人也并非没有原则，而是他们的原则会因为情况的不同而发生改变。只不过在大家的心中改变了的原则就不再被称之为原则了，因此才被称为没有原则的人。然而这些没有原则的人却真真正正地拿到了实惠！

徐慧慧性格乖巧，很会为人处世，只是工作能力一般。而余乐则是个大大咧咧的女孩儿，不太善于交际；不过她的工作能力却很突出，无论什么工作交到她的手里，她都能够保质保量地完成。

两个人同一天进入公司，因此没多久就成了好朋友。然而随着关系越来越好，徐慧慧就发现了一个问题，那就是余乐总是喜欢和别人开玩笑，有些玩笑甚至都上升到讽刺别人的地步了。比如徐慧慧新买了一件衣服，余乐就会说："天哪，这是你买的衣服啊？怎么买这种款式的啊！太旧了，还不如多花一点钱买当季的呢！"这样的讽刺要放在别人身上肯定就会立即和余乐翻脸，然而徐慧慧却没有，她就像没事儿一样，任由余乐拿自己开涮，一点生气的样子都没有。

这样时间长了，大家都慢慢地疏远了余乐，而对于徐慧慧如此的行

为有很多人说她是没有原则。然而，一年时间过去了，徐慧慧却意外地被提升为部门主管了，这让很多人都吃惊不已。那么徐慧慧这个部门主管是怎么来的呢？根源就在于她高人一等的工作效率和凡事想到别人前面工作意识。而这些可都是徐慧慧所欠缺的啊，那么是谁帮了她呢？自然是她一再纵容的余乐，也就是说徐慧慧用自己的面子换来了余乐无私的帮助，并将余乐的劳动成果都记在了自己的名下。

我们看到，徐慧慧因为自己的没有原则获得了一个宝贵的帮手，不但职业前景因此一片大好，还为自己留下了一个工作能力超强的朋友，这就是她的聪明之处。原则，在很多时候是我们自我规范的一个标准，然而当这个标准已经成了影响我们获得成功和更好的与人交往的绊脚石事，那么该改变原则时也应该要学会改变，这才是聪明的做法。

恪守原则本身没错，但如果原则过于教条僵硬就未免有钻牛角尖之嫌了。这样的人多少是会有一些偏激的，而偏激的人无论是做事还是处世，都是很难取得好的成绩的。尤其在关键时刻，过于重视自己的原则还可能给他们带来无可挽回的结果。

关羽是个有原则的人，他的信条是"汉贼不两立，王业不偏安"，全天下只有他"大哥"刘备才可以称为君主，其他宵小之辈是一概看不起的。可是最后又怎么样呢？因为偏激的性格，他断送了荆州和自己的性命。

想当年斩颜良杀文丑时多么威风，过五关斩六将时多么神勇，单刀赴会、水淹七军又是何等的英雄气概，可是他刚愎自用、固执偏激的性格却最终害了他。刘备重托他留守荆州，军师诸葛亮入川前一再叮嘱他要"北据曹操，南和孙权"，可是，当吴主孙权派人来见关羽，为儿子求婚，关羽一听大怒，喝道："吾虎女安肯嫁犬子乎！"将使者赶出去。这自然引来了东吴的愤恨，从而让蜀吴联盟之间蒙上了一层阴影，为此后吕蒙偷袭荆州、自己败走麦城埋下了祸根。

看不起东吴这固然是关羽的原则，然而现在的大局却是应该联吴抗曹，因此别人送上门的好意笑纳还来不及呢，却偏激地拒人于千里之外。而且即便是拒绝别人也可以找个借口好好说嘛，不同意归不同意的，怎能出口伤人，以自己的个人好恶和偏激情绪对待关系全局的大事呢？因此此后身首异处的下场就完全可以说是关老爷拗不过的原则所咎由自取的。

我们试想，如果关羽少一点偏激，不那么原则用事，那么吴蜀联盟大约不会遭到破坏，荆州的归属可能也是另外一种局面。

由此我们可见，有些原则该变通的时候还是变通的好。为一些虚无缥缈的原则而付出难以承受的代价，这是愚蠢的做法。所以我们不要小看那些没有原则的人，他们可能是真的聪明。我们非但不应该蔑视他们，还应该向他们学习。

当然还有一点要特别说明，那就是我所谓能够变通的原则并不是所有，有关于民族、国家大义的原则是不能变通一点的，对于道德和伦理的原则也是应该恪守不退的。这些原则是我们做人的根本，是不可以有商量的余地的；而那些只涉及面子、习惯和处事风格的原则，则是在我所认为能够变通的行列的。对于它们我们在没事儿的时候可以讲究一点，但一旦有事那讲究就只能变成将就了。

【职场常识】

一个谙熟于人际关系的人一定是一个有弹性的人。他们并不是没有原则，而是其原则有着一定的弹性，能够因环境的不同而发生变化。这样一来就不会给人生硬的感觉了，会让我们与他人的交往变得更加顺利。

不要轻易相信第一印象，它往往不可靠的

我们总是喜欢说一句话，"人生若只如初见"。初次相见总是美好的，而随着彼此认识的加深，很多以前没有发现的彼此身上的毛病开始慢慢显现出来，这时我们就开始对对方产生些许的意见。这样的意见越来越多我们最开始的好感就丧失殆尽了，取而代之的是审美疲劳和不满增加；最终我们开始走向彼此厌恶的地步，进而发出"人生若只如初见"的感慨。

"人生若只如初见"，是因为我们熟悉了彼此才变得不满了吗？是因为我们相互交往才让对方身上的毛病从无到有了吗？自然不是！人身上的毛病本来就存在，只不过因为是初见我们没有发现罢了。那么如此说来，在人与人的交往中我们更应该将这句话换个角度说，那就是："人生不要太相信初见，初见的第一印象往往是不可靠的。"

曾经有这样一个流传很广的故事，相信很多人都听过：

多年以前一对老夫妇没有事先预约，就直接去拜访哈佛的校长。女的穿着一套褪色的条纹棉布衣服，而她的丈夫则穿着布制的便宜西装。校长的秘书在顷刻间就断定这两个乡下老土根本不可能与哈佛有业务往来。

男士轻声地说："我们请求能够见一见校长。""他整天都很忙。"，秘书很礼貌地回答道。女士回答说："没关系，我们可以等。"过了几个小时，秘书一直忙自己的事，把他们冷落在一边，希望他们知趣地离开。然而没想到的是他们却固执地等在那里，最后秘书终于决定通知校长："也许他们跟您讲几句话就会走开。"听秘书这么说，校长勉强地同意了。

在校长室里，这对夫妻说明了来意。原来他们有一个孩子曾经是哈佛的学生，他非常喜欢哈佛，然而不幸的是在他大一那年假期却因车祸

而去世了，因此两个人打算在学校里为他留下一点能够纪念的东西。

"那么你们是想让哈佛为您的孩子立一座塑像吗？那恐怕不行，哈佛可没有为普通学生立像的规矩。对于你们的不幸我非常抱歉，但这件事我恐怕帮不了你们！"校长并没有被这对夫妻感动，迫不及待地回答道。

"不，不是的！"夫妻二人赶忙解释道，"我们不是要树立一座遗像，我们是想捐一栋大楼给哈佛，只要以我孩子的名字命名就好了！"

听到对方如此的"大言不惭"，校长开始打量其两个人来，然而从表面上看两个人怎么也不像是百万富翁，因此校长就下意识地把他们当成不知天高地厚的乡巴佬了。"对不起，你们可能不知道修建一栋大楼要花多少钱？我们学校的建筑物价值超过750万美元。"夫妻两个沉默了，校长心想这次终于可以把他们打发走了。

然而没想到的是，女士这时转身对丈夫说道："只要750万就可以建座大学？那我们为什么不建一座大学来纪念我们的儿子？"就这样，斯坦福夫妇离开了哈佛，来到加州成立了一所大学来纪念自己的儿子，这所大学就是今天与哈佛齐名的斯坦福大学。

俗话说人不可貌相，海水不可斗量，很多时候第一印象给我们的往往只是错觉，会让我们产生错误的判断。哈佛大学校长因为错误的相信第一印象而失去了一笔宝贵的捐赠，而我们身边还不知道有多少人因为第一印象而失去难得的机会呢！

因此，我要告诫我的年轻读者们，在进入社会之后先不要学着品评别人，尤其是按照自己的第一印象喜好来对待别人。当然，要让人全然不顾对人的第一印象也是不可能的，关键在于如何摒弃对人的态度上面。也就是即便你对一个人的第一印象不好，也不要在对他的态度上面表现出来，如此才不至于让你错过原本重要的人脉资源而留下一些没有的狐朋狗友。

刘德民在一家公司里面做人事招聘工作。面对一大批应征者，从中挑选出谁是有真材实料而谁又是滥竽充数的人总是很难的。刘德民不止一次地出现过失误，有些人表面上看起来精明强干，但实际上到了工作岗位则干什么都不行，有些人是他为了充人数招进来的，但结果却总会让他大吃一惊。为此，刘德民曾经苦恼不已，然而好在他现在养成了一个习惯，无论对于什么样的人都一视同仁，如此才使得他不会得罪任何一个即将成为同事的人，也使得这些同事在高升之后还记得刘德民的好处。

这一天，在一批面试者里刘德民又发现一个"鹤立鸡群"的人，在一群重点大学的毕业生中这个专科毕业的人显得十分的突兀。一个专科学历的人和重点大学毕业生竞争，其结果可想而知，因此除了刘德民之外的面试官都打算将那个人直接淘汰了。但刘德民却认为应该给他一个机会，虽然他也认为那个人最终被聘用的机会不大。

然而，最终的结果令大家十分惊讶，在比试中那人居然拿到了第一名，而随后的面试他也表现得十分良好，最终成了进入公司的几个人当中的一个。但更加令人惊讶的是，此人在进入公司之后的表现出乎所有人的意料，凡是交到他手中的任务完全不用领导再操心，没几年的功夫就一路升为部门经理了。而他最感谢的人自然就是那个当初给了他机会的刘德民，为此在很多事上都有意无意地倾向于刘德民。这使得刘德民在公司多了一个实力强劲的伙伴，没多长时间也被提升为人事主管了。

刘德民的成功告诉我们什么？就是不要以个人好恶去决定对待陌生人的态度。没有经过交往和检验，谁也不知道你面前的人会不会成为你人生道路上最重要的人。因此我要告诫我的读者们，对每个走过自己身边的陌生人都好一些，不能因为对他们的第一印象差就置之不理。要知道，在你以第一印象判断人的时候，你很可能就错过了一个可以带你走向成功的贵人。

【职场常识】

每一个朋友都是由陌生人变成的，如果不想错过增加朋友的机会，那么就要把握住身边的每一个人。每个人对于第一印象好的人自然都懂得把握，因此谁能够把握住那些第一印象不好的人，谁也就等于获得了比一般人要多的机会。

第十章

讲点信用，人无信而不立

人无信而不立，信用是你重要的资产

我们总说与人交往要做好"首因效应"，就是给人一个好的第一印象。第一印象涵盖面很多，比如说长相、穿着、话语、礼貌等。这里面有我们能够控制的因素，也有我们不能够控制的因素，但归根结底这些基本上都是一些表面功夫。有没有什么内在的因素是我们应该注意的呢？我说有，那就是讲不讲信用。

长相由天定，穿着可以更改，话语和礼貌也能够提前准备，只有内在的道德是需要我们时时刻刻去注意培养的。而人与人交往中最重要的道德之一就是诚信。一个人善不善良，勇不勇敢这需要很多事和很长时间才能看出来，然而一个人有没有信用则可以通过生活中随处可见的细节中去品味。因此我说信用就等于是你踏上社会的第一个脚印，直接影响着你今后的人生走向。

有个成语叫做千金一诺，说的是古人季布的故事。季布是秦末的英雄，从小就有着信守诺言的美誉，只要是答应别人的事一定要竭尽全力去完成。因此名动一时，无论认不认识他的人都以得到他的诺言为荣耀。

项羽败走乌江后，季布的军队也被打散了。因为之前与刘邦做对过，因此季布被刘邦悬赏捉拿，无论生死都要找到他。然而在官军严密的搜寻下，季布却最终逃脱升天；并最后靠着刘邦手下大将夏侯婴的说情而得到了赦免，并被委以重任。

在季布逃亡的过程中，他不止一次得到过他人的帮助，有些人甚至都没有见过他，但却甘愿为他冒生命的危险；而夏侯婴与季布以前也没有交情，却冒着得罪刘邦的风险为他说情。可以说这一切都得益于季布动于天下的名声，而这名声的由来就在于他的信守承诺。

信用帮助季布保全了自己。当然我们今天的社会已经不再是刀光剑影了，然而在竞争激烈的社会中，一个年轻人如果想要迅速获得别人的青睐，还是要有诚信。

而且有一点我们还必须明白，一旦信用积累了下来，你其他的优点在别人的眼中就会被无限地放大；而一旦失信于人，那么你就会被别人彻底地否定。因此说一个人只有有信用才能够为人所信任，进而别人才放心对你委以重任。

有这样一位老国王，他非常勤政爱民，然而毕竟年事已高，对于治理这个国家越来越觉得力不从心了，他想是该给自己找接班人的时候了。然而不幸的是，老国王却没有孩子，因此他决定从民间为自己挑选出一个接班人来，但这个人必须足够优秀才能继承好这份基业。如何判断这人够不够优秀呢？老国王为此伤透了脑筋，终于最后让他想到了一个好办法。

这天，老国王召集他的大臣，让大臣向每位国民发放一些花籽，由国民们回去种植，并且郑重地宣布将在三个月后根据花开的程度决定由谁来继承王位。当然，谁种的花最美最鲜艳，谁就容易胜出。这还不简单，不就是种花吗？人们都兴高采烈地领了种子回去精心栽培。

他们之中有一个小男孩，在将花籽种下后，就开始认真照顾，浇水，施肥。他乐此不疲，甚至天天蹲在那观看花种的成长，可是奇怪的是过了将近一个月都不见花种发芽，再去看看别人种下的花籽都开了花，为此小男孩儿非常沮丧。

一转眼三个月就过去了，规定的日期到来了，是到评比谁是王位继承人的时候了。这天每个国民脸上都挂着谄媚的笑脸，捧着"赛珍珠"般的娇艳欲滴的花朵来到国王面前，期盼着国王的垂青。这时，人山人海中，只有这个小男孩唯一没有捧花，只见他低着头，心情沮丧地手捧空花盆走了进来。

国王感到很奇怪，他没有去仔细评审谁的花最美，而是默默地来到小男孩身旁，问他为什么没有种出美丽的花。小男孩伤心地如实诉说了事情缘由。国王没有责怪他，而是当着全部国民的面郑重宣布，这位小男孩就是你们未来的国王。众人愕然，为什么会是这样呢？

原来，那些花籽根本就不会发芽，因为它们都是煮过的。其他的国民为了国王的一句话，背离了诚信，换了花种，只有小男孩最为诚实。

而诚实正是这个世界上最有力量的元素，不诚实的人是不可能取信于民，也不可能治理好一个国家的。

小男孩儿之前不可能认识国王，然而最终获胜的却是他，为何如此呢？就是因为他恪守了诚信。因此我们看到，在毫无关系的时候，如果我们想要打动一个人，诚信是我们最好的名片。

孔子说："车无辕而不行，人无信而不立。"我们初入社会的年轻人如果没有诚信做引导，那就如同出门第一步就把脚迈进了坑里，从此以后便卡在那里一步也前进不得，而如果想要走的更远，就只有用诚信把你的脚拔出来。

对于一个人而言，生活中总是存在着很多诱导我们失信于人的因素，比如签约了一个公司却因为有更好的去处而违约等等。这些因素在表面上看是能够给我们带来好处，但要知道这些好处只是一时的，最终我们得到的结果却是信用败坏，而一个信用败坏的人想要取得他人的信任，拥有良好的人际关系，那可就是一件比登天还难的事情了。

【职场常识】

不能失信于人，这是我们从小就被灌输的道德理念。尤其是对于初次打交道的陌生人，初次进入的行业领域，一旦你选择失信，那么再想获得别人的信任、行业的认可就是一件非常困难的事情了。

不确定能否做到的事，先别着急把话说满

　　社会上曾经流传过一个名词叫做"三拍干部"，用来讽刺某些干部不负责任。什么是"三拍干部"呢？就是拍胸脯、拍脑门、拍屁股。

　　决定事情时拍胸脯，"没事，就听我的，这事儿就这么干"；出了问题时拍脑门，"哎呀，这我怎么没有考虑到呢"；最后，事情无法收拾的时候他拍拍屁股走人了。这种现象原来只是出现在很多不负责任又没有能力的领导干部身上，然而令我感到忧心的是，我发现我们现在的年轻人也有着向"三拍干部"方向发展的趋势。

　　所谓"初生牛犊不怕虎"，很多年轻人一进入社会都心气极盛，再加上面子和义气问题，所以很喜欢帮助别人。帮助别人本身没错，但在帮助的行为做出来之前很多年轻人却有着一个不好的习惯，那就是喜欢承诺打包票。"这事儿就包在我身上了！""听我的准没错！""肯定没问题，你就放心吧！"类似这样"大言不惭"的话我们几乎处处都能够听到。每次听到这样的话时，我在心里都为说话的人捏着一把汗，"要是诺言真的实现了还好，如果诺言实现不了他可怎么收场啊！"

　　小杨大学学的是新闻专业，毕业后经过一番面试得到了一个心仪的工作，进入报社成了一名采编。小杨的工作能力和工作热情没得说，但凡是任务交到他的手中总能保质保量的完成，从不用主编操心。但他却有着一个致命的毛病，那就是喜欢说大话，无论答应别人什么都喜欢把话说满，这样时间长了大家也就不以为然了。

　　然而这次却不一样了，小杨因为把话说得太满导致了和同事小张的一场误会，最终只好申请辞职主动离开了报社。事情的起因是报社最近要给一个名人做一个专访，任务本来是安排给小张的，可是小张那两天有事，所以四处央求同事帮他忙，最后求到了小杨这里。他自然是一口

答应并让小张放心，"我一定能给你把专访搞定！"

这个要专访的名人是个很难伺候的人，报社社长对于专访能不能进行心里也很打鼓，结果听到小杨如此的保证，小张就把同样的话说给了社长。社长一听小张都保证了，因此留出了半个版面专门等这个专访。结果怎么样呢？小杨在那个名人那里碰了一鼻子灰，灰头土脸地回到了报社。小杨没办成事，受到批评的却是小张，因为毕竟这件事是他向社长保证的。所以，从此以后小张便对小杨怀恨在心了，总是寻找机会和小杨作对，并在背后散布关于小杨的坏话。一来二去，小杨觉得自己在报社里越来越难混，于是只好辞职离开了。

小杨的一片好意却换来了如此的下场，实在让人觉得委屈，但委屈实际上也是他咎由自取的。他帮助小张没错，但错就错在不能打包票让小张以为事情肯定能办好。他给了小张那样的感觉但又没把事情办成，结果自然是遭致埋怨了。

我们要懂得一个道理，那就是答应人家却做不到比不答应人家给别人带来的伤害还要大。当有人要求你解决或答复问题的时候，他的内心一定寄予着厚望，希望事情能如愿以偿，完满解决。如果你把话说满了，那就等于给了对方这样的心里，而一旦结果不如对方想象的一样成功，这个心理落差所带来的痛苦就只能发泄在你的身上了。

因此年轻读者一定要注意，不要随便什么事情都打包票。即便是自己能够做到的事也不要把话说满，谨防万中无一的意外事情发生。

一个公司的产品部经理在每个产品进行市场预测的初期，总是要开公司会议，还经常叫上销售部和设计部共同讨论。同时私底下也会征求个人意见。

正所谓"初生的牛犊不怕虎。"开会的时候，公司新来的两个员工张国庆和王晓辉都表达了自己超前的思想，得到了公司领导，包括销售部和设计部的好评。而且两人在阐述自己想法的同时，还着重强调指出如果按照他们的方法做一定会成功。

产品部经理当即表示要张国庆和王晓辉一起写一份详细的计划书出来，公司一定会认真考虑。此话一出，张国庆和王晓辉欣喜若狂。作为新人的他们能得到领导如此重视，想来自己也算是幸运的吧。但是新产品在制作的过程中却出现了问题，这令公司上下非常紧张。

事后，当公司处理这个问题责任的时候，张国庆和王晓辉成了众矢之的。最后张国庆和王晓辉出于无奈，为当初自己"无比坚定"的承诺，付出了沉重的代价，还递交了辞职信。

张国庆和王晓辉因为不懂得"话不说满"的说话方法，最终留下了话柄。他们在开会时不仅表明了自己的想法，还要在后面加上按照这个方法来做一定能够成功。这种飘飘然的自我夸大，也注定了他们最后自讨苦吃的结果。

不把话说满，这就是给自己寻找到一个事情万一不成功的退路。不留退路的人是愚蠢的人，说话不留退路的年轻人也是一定会吃亏的。所以，我们现在的年轻人虽然要学会在与人交往时把话"遮着说"，不能硬生生地拒绝别人，但也不要拍胸脯的把话说满，如此一来才不至于因为失信于人而影响到自己的人际交往。

【职场常识】

所谓君子一言既出，驷马难追。答应人家打过包票的事情办不到，你损失的可就不仅是人际关系了，也会对你今后的前途和声誉造成难以抹去的影响。因此对于答应别人的话，我们是一定要慎重的。

失信也不可怕，事后做好公关反而更能体现信誉

前一段，一个有关于质量问题的新闻在国内引起了轩然大波，某著名人士爆料某国际大品牌冰箱存在着设计缺陷，并且在告知该公司之后问题仍然得不到解决，无奈之下只好诉诸于媒体，希望更多的人关注此事。此事传出，立即引来了很多有同样困扰的该品牌冰箱使用者的关注，大家纷纷表示认同该名人的说法，该冰箱确实存在着质量问题。

然而，面对消费者的质疑和声讨，该品牌公司是如何做的呢？他们并没有像一个国际大品牌一样直接向公众道歉并解决所有问题，而是一而再再而三的选择搪塞问题，拒不承认错误，并且希望通过收买媒体将此事大事化小。但是在网络媒体兴盛的今天，平面媒体已经不可能遮挡住公众们的视线了。随着事态越发不可收拾，该品牌公司终于答应解决问题，然而应该做出的道歉却仍然没有出现，这让很多顾客非常不满。以至于本来一场很好解决的事情演变成了一场拉锯战，该品牌冰箱一时也成为了令消费者望而却步的滞销品。

其实，如果该公司的处理方法改变一下，是完全可以把这次质量事件变成一个正面宣传的。首先，该公司出面道歉，并承认自己的冰箱确实存在设计缺陷；其次，公司派出人手将对所有卖出的该批次冰箱进行重新检验，对不合格的冰箱进行改造和维护；最后，公司该方面负责人出面对整个事件进行澄清，再次道歉并保证此类问题绝不会再次出现。

这样做实际上用不了花多少钱，却可以展现一个负责任的大公司的态度，再以中国消费者宽容的心态来看，大家对该公司的好感肯定不会因此减少反而陡然增加许多，一场

坏事瞬间就可以变成好事了。

然而该公司没有这么去做，反而避实就虚、推卸责任，最后该花的

钱一分没有少花，还损害了自己的品牌形象，可以说该公司的相关负责人在这方面处理得真是十分失策。

开篇讲这些的目的是什么呢？就是要告诉大家，一个人如果犯了错误，他可以采取两种策略，一种是大方的承认并对此事负责，另一种是选择逃避。选择逃避也许可以帮助他免去一时的惩罚，但总会有他逃避不了的时候；而选择负责则不但能够让他重新得到机会，还会帮助他在别人心目中树立一个良好的形象。

这个道理用在我们人际交往中就是说，如果我们不小心做了失信于人的事不要紧，只要你出来承认，并努力做好补救就好了。这样一来非但无损于你的名声，反而会更加体现出你重视信誉。

小柳是一个刚进入公司的小职员。这周上司问她可否完成一个额外的任务——那就是将公司两年内所有的经营业绩汇总成册，连同原始凭证一起编织成精美的宣传品，以供下周与客户进行洽谈时展示给客户。对于上级的请求，小柳自然是满口答应，不到两天的功夫就全部做完了。

然而一时的粗心大意让她所有的努力都付之东流了。星期五下班之前，小柳本要将该宣传品上交给上级，但一时大意将它和一些要销毁的文件混在了一起丢进了碎纸机里面。就这样几天的努力付之东流了，更要命的是，那些原始凭证也一并毁掉了，这可是公司两年来业绩的见证啊，因此小柳为此沮丧不已。

但沮丧归沮丧，她还是向上级承认了自己的错误，并且向上级保证，自己一定能够尽力弥补。接着在这个周末的两天里，小柳没有休息而是来到办公室，把从那些碎纸里挑拣出来的资料碎片粘在了一起。看着小柳一心一意补救的举动，上级感动了，最后不但没有追究小柳的过失，还破格让她参加同客户的谈判，并由此将小柳带进了公司的管理层。因为一个错误，小柳得到了升迁，这就是承认错误与负责任的作用。

有一个神奇的名词叫做"危机公关"，就是在发生危机的时候进行适当的处理，从而将损失降至最低。小柳的行为就属于危机公关成功的典范。而上面我们讲的那个国际性大企业的行为也是危机公关，只不过是失败的典范而已。

行走在社会上，我们总不免会做一些错事，答应别人的事也不可能每件都做到。当我们失信于别人的时候应该怎么去做呢？正确的做法就应该像小柳一样，大大方方地承认错误，尽心尽力地补救错误，如此才能够获得别人的谅解，也才有重新得到别人信任的机会。

史玉柱"凤凰涅槃"的故事我们每个人都知道了。在经历了巨人大厦资金链断裂的破产之后，史玉柱仍然能够东山再起，并重新获得市场、消费者以至于投资人的信任，靠的是什么呢？就是他过人的危机公关。

在巨人大厦破产之后，很多投资者的钱打了水漂，按照法律规定已经破产了的史玉柱没有还款的义务，但他却毅然担起了还款的责任，倾家荡产地补偿了投资者的所有损失。他的这一行为让所有人对他刮目相看，很多人纷纷表示，只要有可能他们还愿意投资史老板。

将投资者的投资亏空，这本是一件失信的坏事，但史玉柱负责任的行为却最终让坏事变成了好事。我们可以这样说，没有这次破产事件，史玉柱也许仍然会是亿万富翁，但绝对不会是今天这样享有盛誉的史玉柱。

【职场常识】

谁没有过失信于人的经历呢？但有些人失信于人之后就再也得不到别人的信任了，而有些人失信于人之后反而令别人更加信任于他，这两者的区别在哪儿呢？就在于如何做好失信后的工作，是一败涂地还是浴火重生，这就要看你负不负责任了。

不计代价兑现诺言，让利取义能见奇效

先给大家讲一个典故，这个典故的名字及叫做季子挂剑。

季子名叫季札，是春秋时期吴王寿梦的第四个儿子。余祭四年春天，季札奉命出使鲁国，接着又访问齐、郑、卫、晋诸国。途经睢地时，因平时听闻该地徐君仁义，因此前去拜访。徐君得知素有贤名的季札来访，十分高兴，也想要盛情款待。

徐君一见到季札，就被他的气质涵养所打动，感到非常亲切。徐君默视着季札端庄得体的仪容与着装，突然被他腰间的一把祥光闪动的佩剑深深地吸引住了。在古时候，剑是一种装饰，也代表着一种礼仪，无论是士臣还是将相，身上通常都会佩戴着一把宝剑。季札的这柄剑铸造得很有气魄，几颗宝石镶嵌其中，典丽而又不失庄重，只有像季札这般气质的人，才能配得上这把剑。

徐君一看此剑便心生爱意，但虽然喜欢却不好意思表达出来，只是不住地朝它观望。徐君虽然没有明言，但季札已经看在心里了，无奈要出使诸国，宝剑是身份的象征之一，不能相赠。季札内心暗想道：等我办完事情之后，一定要回来将这把佩剑送给徐君。

然而怎料世事无常，等到季札出使返回又经过徐国时，徐君却已经过世了。季札听闻此噩耗，默默地来到徐君墓前凭吊。但谁也没有想到，季札居然做出了一件让人震惊的事，他把自己的宝剑摘了下来，挂在了徐君墓旁的树上。挂好后躬身施礼，然后转身离去。

看到主人如此的行为，季札的随从都非常疑惑。有人不解地问他这是为何，季札回答说："虽然徐君已经过世了，但我的内心对他曾经有过承诺。徐君非常喜欢这把剑，我心中早就把宝剑送给他了。君子讲求的是诚信与道义，怎么能够因为他的过世，而背弃为人应有的信与义呢？"

听到季札如此的解释，身边的随从无不感叹，而从此季札挂剑的行为就一而十十而百地传开了。而季札也作为不计代价遵守诺言的君子，几千年来一直为人所传颂。

有人可能会说季札傻，有人也可能会说季札迂腐，然而在我看来，季札是却是我们当代年轻人的典范。人就是应该有着这样一种为诚信不计代价的道德品质。而一个具有这种品质的人最终是肯定会获得所有人的尊敬的。

1851 年的盛夏，一位犹太人和他的妻子一起来到英国首都伦敦，他们想在那里开创自己的事业。当时的英国有很多殖民地，被称为"日不落帝国"，并且首都伦敦也是一个非常繁华的城市。于是这个犹太人就想到了在这个城市里发展新闻产业，把国际上发生的每一件大事作为新闻传播到地球上的每一个角落。

他在伦敦金融街的皇帝交易所大楼租了两间房子，雇佣了一个十二岁的小男孩作为职员，他担任新闻社的社长，这样他的通讯办事处就算是开张了。他每天都挨家挨户地到金融大街推销自己办事处的新闻快讯，经过几个月的不懈努力，两个人组成的新闻处已经收到了很多的订单，甚至在与伦敦隔海相望的巴黎也有不少人订阅他的新闻。不久，欧洲东部国家的一些生意人也纷纷写信，希望能与他进行友好的合作，作为他在东欧的代理人。就这样，他的新闻社在伦敦很快地发展和强大起来，并且还成为了通讯行业里的巨头。

然而我们必须要说清楚的是，在当时的伦敦新闻业并非一个新兴产业，在他之前就已经有大大小小几十家新闻社在伦敦落户了，那么为何独有他能够脱颖而出呢？原因就在于他重视道德与诚信。

在当时的新闻界，大多数报纸都是以编造新闻、故弄玄虚来制造噱头创造销量的，这样做虽然短时间内会发展很快，但从本质上却是在欺骗消费者。然而这个犹太人却不一样，他在做新闻的时候暗中给自己准备好一把标尺，凡是虚假的新闻、存疑的新闻一律不用，只传递给消费者最真实、最诚实的信息。

犹太人这样做给他早期的发展带来了很大的困难，因为没有噱头不够吸引人，因此报纸一开始都是处于赔钱阶段。然而久而久之，读者们发现了这是家宁愿赔钱也不骗人的报纸，因此越来越多的人开始走上了信任他的道路。而由信任积累起的销量则是非常稳固的，就这样，这个犹太人为了实现自己的诚实品质而牺牲了很多利益，而牺牲掉的利益却又为他换来了更美好的明天。值得一提的是，这个犹太人创立的新闻社到今天还在，它就是世界闻名的路透社，而这位犹太人就是保罗·路透。

【职场常识】

诚信不是没有代价的，有的时候为了实现自己的诺言所付出的代价令很多人都会感到痛心。然而我们并不能因此就失信与人，只要在道义之内，答应别人的事情无论怎样都应该去实现。而一旦你做到了诚信待人，那么最终你得到的东西是肯定要远远多于你失去的那些微不足道的利益的。

你可以欺骗别人一时，但不能欺骗别人一世

我知道大多数年轻人身上都有着一种非常不好的毛病，那就是"侥幸心理"，无论做什么事都总是会被这一心理所影响。"我就作弊一次，监考老师能发现吗？""我就骗他一次，他不可能知道我在说谎的！"类似这样的心理恐怕我们每个人的脑子里都曾经闪现过。然而越是侥幸，我们就越是容易栽跟斗，最终往往是偷鸡不成蚀把米。

为什么要说侥幸心理呢？是因为我发现在人与人交往的过程中，很多年轻人也有着侥幸心理。尤其是在对待诚信与欺骗的问题上，很多年轻人都有着"他们不可能发现"的心理。这其实是非常不可取的，要知道你的失信和欺骗行为可能会让你得到一时的好处，但从长远的角度看你肯定是要吃亏的。因为你能够欺骗别人一时，但却不能欺骗别人一世。

人与人交往的终点在于真诚，只有真诚才能换来别人的信任，而只有互相信任才能够让彼此的关系走得更近。而一个人的人际关系如何，就要看信任他和他走得近的人有多少。当你欺骗别人的时候，别人可能短时间发现不了什么，然而你必须要知道的是，等到有一天别人发现了你的谎言之后，他对你的信任将会顷刻间荡然无存。而你多年来积累下来的人际关系也将会如同多米诺骨牌一样，瞬间内化为乌有。

大家可能还记得曾经有一个瓜子的品牌叫做"傻子瓜子"。当年傻子瓜子曾经无比辉煌，然而近些年却突然间从市场上销声匿迹了，原因在哪儿呢？

1982 年，自称 9 岁就开始学"经济学"的年广久，突然宣布他的"傻子瓜子"大幅降价，这对几十年不变的瓜子价格体系造成了极大的冲击。这一举动自然引起了人们的极大兴趣，大家一下子把焦点集中对准了"傻子瓜子"，同行业其他品牌等很快都被"傻子瓜子"压下了势头。

"傻子瓜子"一炮走红，风靡一时，成为中国老幼皆知的"电视食品"，甚至被捧为"中国的汉堡包"。

到了1984年，生产"傻子瓜子"的炒货店与国营经济联营，组建公私合营的"傻子瓜子公司"。至此，"傻子瓜子"春风得意准备大展鸿图，形势一片大好。如果"傻子瓜子公司"从此能够从抓质量、抓管理入手，进一步寻求发展，那么他们的前途是光明的，可是他们的领导人"傻子"年广久，开始找"捷径"了。这一"捷径"最终将企业导向错误的航向，直到最后的没落。

1985年，"傻子公司"搞了一次全国范围内的"傻子瓜子"有奖销售活动，每买1公斤瓜子赠奖券一张，凭奖券兑现奖品。这在当时不能不算是产品促销的高招。一时间，公司门前车水马龙，盛况空前。全国各地来函来电，来人来车，纷纷购买"傻子瓜子"以获取奖品。如此一来"傻子瓜子"在有奖销售的第一天就售出了13100公斤，最好时一天卖出了225500公斤，这简直是前所未有的瓜子销售纪录。

可是这一销售成果是以"傻子公司""犯傻"为代价的。这些用于有奖销售的瓜子中间，有相当数量是公司从外面购买的非经自己制造和检验的熟瓜子。这是"傻子公司"为凑销售额，从别的公司大量购买的熟瓜子，再贴上"傻子瓜子"的商标，去做有奖销售。而这些外购的瓜子中，有很多是陈货、劣货，是假冒伪劣产品。

消费者是骗不了的。"傻子公司"的这一看似聪明，实则犯傻的投机行为很快引起消费者的强烈愤慨，大家纷纷要求退货。

更糟糕的是，正当"傻子瓜子"有奖销售活动刚刚"满月"的时候，政府发布公告，禁止所有工商企业搞有奖销售的促销活动。这一来，一下就将"玩巧"已经露陷的"傻子瓜子公司"置于死地。它所售出的奖券一律不能兑现，各地纷纷退货，瓜子大量积压，银行催贷，再加上公司又打了几场官司，公司一下亏损150多万元，而且公司的信誉降到了最低点。从"傻子瓜子"此便一蹶不振，再也没有重现他昨日的辉煌了。

【职场常识】

长远利益与眼前利益似乎永远是矛盾着存在的，想要追求一者就必须放弃另一者。在人际交往中也是如此，我们如果因为眼前的蝇头小利就欺骗别人，那么就要做好付出长远代价的决心。否则还是诚信一点为好。

在你一无所有之时，诚信就是你最大的资本

曾经看过这样一则新闻：2002 年 8 月的一个上午，设在广东茂名的一家体育彩票销售点负责人林海燕接到一个电话。这个电话是经常在这里买彩票的老顾客吴先生打来的，吴先生是彩票迷，甚至出差在外都不忘买上几注。这次，吴先生无法亲自来买彩票，就打电话请林海燕垫钱帮他买 700 元的体育彩票。因为钱先生信誉较好，尽管这次金额较大，林海燕还是爽快地为吴先生垫钱买了彩票。

奇迹就在当日下午发生了，广东体彩 36 选 7 开出了全省唯一一注 518 万元大奖，而这个大奖恰好就落在了林海燕所在的销售点上。更为惊奇的是，林海燕查对彩票号码时，发现中百万大奖的竟是自己垫钱为吴先生买的那注彩票。因为体彩具有不记名、不挂失的特点，彩票是林海燕自己垫钱买的，顾客也一直没来取票，林海燕完全可以把 518 万元奖金据为己有。但正直善良的林海燕却丝毫不为巨额奖金所动，她做的选择是立即拿起电话把中奖消息告诉了还在外地的吴先生。

9 月 9 日，吴先生出差回来，兴高采烈地到 10060 销售点取走了林海燕为他保管了一个多星期的中奖彩票。吴先生坚持要给林海燕 20 万元作为感谢，却她义正词严的拒绝了，因为在她看来，她所做的就是一个诚实的人应该有的行为。

无独有偶，同样的事情在 2010 年又再次发生，这次发生的地点变为了北京市石景山区。面对自己垫付并中了大奖的彩票，投注站老板的选择和林海燕一样也是恪守诚信，最终将彩票交给了投注者。

2011 年的春晚，这样的两件真人真事被改编成了小品呈现在了观众们的面前。在今天这个道德缺失的社会中，他们像一面旗帜一样为我们警示着一些什么。

投注站老板并非富人，否则他们也不会去开投注站。然而面对着可能改变自己一生的巨奖的时候，他们却选择了诚实的放弃。这就是做人的品格，相信有这样的品格的人，在其后的生活中也一定会有好事等着他们。

当然，话题似乎有些跑偏了，我举这个例子真正的目的是要告诉大家，即便是你一无所有，诚信仍然是你应该具有的品质。而且有了诚信这个品质，即便是你一无所有，也总将会得到丰厚的回报。

在美国，曾经有一个一无所有的农民，他靠自己的智慧与诚信，居然一步步成了世界知名企业家，一个食品帝国的掌门人，他的名字叫做亨利·霍金士。

霍金士刚开始经营食品加工业的时候，美国的《纯正食品法》还没有出台，许多食品行业的从业人员在制成品中乱加一些添加物，严重危害着人们健康。对此，霍金士坚决反对。他认为做生意要有诚信，尤其是做食品这一行业更应该恪守诚信，不能将疾病带给信赖自己的消费者。

霍金士说："供应消费者优良的食品是我们的天职，不能一味在价格和原料投入上做文章、动手脚。"他还严格要求本公司的职员，要他们抱着"这些食品是做给我们吃的"的心理去工作，要特别注意讲究卫生。

霍金士坚持自己的原则几乎到了执拗的地步，为此他遭到了许多同行的非议。但他始终坚持自己的立场毫不动摇。凡要在其制作过程中添加东西，都要经过专家试验，证明确实对人体无害才可投入。通过一个偶然的实验，专家证明一种防腐剂对人体有害。霍金士注意到这个报告后大为震惊，因为几乎所有的食品中都添加了这种防腐剂，而且这已经成为一种生产惯例。

霍金士决定将这份实验报告公布于世，但专家提醒他是否应该再仔细考虑一下，因为这很可能会在食品业中引起轩然大波，公司也必定会遭到行业排斥。然而在利益面前，霍金士想起了自己一无所有的岁月，之所以能够走到今天完全是靠着消费者对自己的信任，自己不能辜负这份信任，因此他毅然决然地选择了将实验报告公之于众。

结果不出所料，霍金士这一诚实的举动为自己招致了灭顶之灾，同行们为了保护自己的利益进行了声势浩大的集会，把霍金士毁谤成为"荒谬至极，别有用心"之人。他们还联合起来，在业务上排挤霍金士，妄图逼迫霍金士破产。

　　然而当霍金士的生意岌岌可危之时，转机出现了，美国政府也开始重视起食添加剂安全问题来了，并因此颁布了《纯正食品法》。这一法规的创立，不但使美国食品在国际上声誉鹊起，还挽救了霍金士的名誉和他的企业。从此摆脱了同行业排挤、并在消费者心中树立了诚信旗帜的霍金士起死回生，带领着自己的企业迎来了更美好的明天。

　　如同霍金士一样，我们绝大多数的年轻人在刚一步入社会的时候也是一无所长、一无所有。在这种情况下我们结识到什么人、遇到什么样的机会可能全凭运气，然而即便是在一个如此宿命的境况下，我们仍然应该保持一颗诚心的心，如此才能留住走过我们身边的每一个人，抓住我们遇到的每一个机会。

　　我们讲了这么多为人处世的道理，然而无论有什么样的技巧，真诚永远是我们感动他人的拓展人脉的不二法门。作为年轻人，我们可能什么都没有，但只要有了一颗真诚的心，诚信的面对他人和社会，我们也就有了自己的原始资本。它能够为我们带来无穷无尽的回报，让我们最终走上成功的道路。

【职场常识】

　　聪明也好平庸也罢，当我们迈入社会的一刹那，我们大多数人在学校所积累的那些东西都瞬间清零了。作为一个新人进入社会，一切都要我们一点点地摸索。然而有一个特质如果我们带在身上的话，则会让我们在为人处世的时候占很大的便宜，这个特质就是诚信！